Der kleine Fritz liebt seine Schwester über alles – doch warum bekommt sie zu *seinem* Geburtstag genauso viele Geschenke wie er? Und außerdem: Wieso sind seine Mitschüler so fies zu ihm? Warum muss die Oma bei den »Geschenken« des Großvaters immer schreien? Zwischen Happy Meal und Biokost versucht Fritz, groß und erwachsen zu werden und sich gegen alle Widrigkeiten des Lebens zur Wehr zu setzen. Ob es nun die zankenden Großeltern, der schlimme Mathelehrer oder aber seine wilden Altersgenossen sind – liebevoll zeichnet Fritz die netten, die gemeinen und oftmals skurrilen Menschen, die seine Kindheit und Jugend prägten. Er erzählt vom Erwachsenwerden, von seiner ersten unglücklichen Jugendliebe und wie ihm diese mitsamt seiner Mandeln entfernt wurde. Berührende Geschichten voller Witz, Melancholie und Wärme.

»Ach, die Jugend! Wir sehnen uns alle manchmal zurück in diese unbeholfenen Teenagerjahre – und dieses Buch belebt die Erinnerungen.« *Laura Karasek*

»Selten lagen Schmunzeln und Schock so nah beieinander wie in *Strahlemann*. Berührend, ehrlich, bittersüß und witzig.« *Bastian Bielendorfer*

FRITZ SCHAEFER, geboren 1997 in Dorsten, ist der jüngste Moderator im Westdeutschen Rundfunk. Während seiner Schulzeit produzierte er Hörspiele und Kurzfilme. Seit 2016 ist er als freier Autor und Reporter für den WDR tätig. Außerdem ist er Gastgeber *Der jungen Nacht* der ARD und des Podcast-Formats *1Live Dumm gefragt*. Seit 2016 gehört er der Jury des Grimme-Preises an. Fritz Schaefer lebt in Köln.

Fritz Schaefer

STRAHLEMANN

oder:
Das
Leben
nimmt
mich
ganz
schön
mit

Ullstein

Besuchen Sie uns im Internet:
www.ullstein.de

Das Gedicht auf Seite 187 und Seite 188 stammt aus:
»Die gar traurige Geschichte mit dem Feuerzeug.« in
Der Struwwelpeter von Dr. Heinrich Hoffmann, 1845.

Originalausgabe im Ullstein Taschenbuch
1. Auflage Februar 2022
© Ullstein Buchverlage GmbH, Berlin 2022
Umschlaggestaltung: zero-media.net, München
Titelabbildung: © privat
Satz: Pinkuin Satz und Datentechnik, Berlin
Gesetzt aus der ITC Berkeley
Druck und Bindearbeiten: CPI books GmbH, Leck
ISBN 978-3-548-06546-5

Für meine Mutter
Für meine Schwester

Meine Kindheit und Jugend waren schön. Manchmal schrecklich, meistens schräg, aber in ihrer Gesamtheit wunderbar. Alle Geschichten dieses Buchs habe ich wie beschrieben erlebt. Ich kann allerdings nicht ausschließen, dass sich manche Erinnerung im Laufe der Zeit verklärt, aufgeblasen, zugespitzt, ganz einfach verselbstständigt hat. Ich traue mir alles zu. Zum Schutz der beteiligten Personen wurden Namen geändert, Orte gewechselt und Zahlen gedreht.

Kapitel 1

Ich war offenbar verliebt. Dabei hatten wir rein gar nichts gemeinsam. Vielleicht war es die groteske Langeweile, die der Lateinunterricht der zehnten Klasse in mir auslöste, keine Ahnung, jedenfalls hatte ich auf einmal ein nie gekanntes Interesse an meiner Sitznachbarin Maike Seidel. Sie war brünett, sie war beliebt, sie war gut drauf. Und sie kicherte immer so unwiderstehlich, wenn ich ihr Zettel mit kleinen Gags und lustigen Zeichnungen rüberschob oder ihr Pfefferminzbonbons schenkte, die sie schnell in ihren Mund steckte und genüsslich lutschte. Maike antwortete mir auf meine Zettelchen, indem sie einfach direkt in mein Lateinheft schrieb, und an besonders glücklichen Tagen flüsterte sie mir ihre Antwort mit frischem Pfefferminzatem ins Ohr. Bemerkungen zur Frisur des Lehrers, zu Gesichtsausdrücken der Mitschüler oder zur heute wieder besonders schlimmen Tristesse des Unterrichtsstoffs. Das war ein schönes Gefühl, wie Maike da so nah an mein Ohr kam und dann etwas sagte, was manchmal sogar ganz lustig war.

Ich beschloss, es mit meiner Sitznachbarin nun ernsthaft anzugehen. Die Lateinklausuren würde ich in jedem Fall verhauen, also könnte ich nun auch einfach montags eine Doppelstunde Maike haben.

Zuerst kaufte ich die größte verfügbare Packung der Pfefferminzbonbons, auf die sie so abfuhr. Das passte doch gut: Ich wollte viel Gehauche an meiner rechten Gesichtshälfte, und Maike wollte viele Bonbons. In meiner amourösen Unerfahrenheit plante ich das Ganze als regelrechte Konditionierung, wie bei einem Hund, dem man bei gutem Betragen ein Leckerli gibt und ihn so in dem gewünschten Verhalten bestärkt. Immer dann, wenn sie mir Aufmerksamkeit schenkte, so mein Plan für die nächsten Wochen, sollte sie ein Bonbon bekommen. Außerdem kaufte ich mir Hefte mit extrabreitem Rand, damit es Maike jederzeit ein Leichtes war, mir eine Nachricht zu hinterlassen. Und ich ersann bereits Tage im Voraus lustige Sprüche, die ich in der gemeinsamen Zeit unterbringen konnte.

Herr Engels, der Lateinlehrer, beschwerte sich nicht, anscheinend wusste er, wie öde sein Fach war, er wirkte beinahe entschuldigend und hatte Verständnis für unser Kritzeln, Kichern und pfefferminzschwangeres Hauchen.

Zu seiner übergroßen Toleranz gehörte allerdings auch, dass er Maike seit Neuestem unter dem Tisch auf ihrem Handy tippen ließ. Dass sie es versteckt tat, war unnötige Höflichkeit, denn alle, Herr Engels eingeschlossen, sahen, was sie dort unter dem Tisch machte. Ich sah es am deutlichsten. Sie schrieb mit einem Typen. *Thomas* stand da auf dem Handydisplay.

Das war ungünstig, schließlich hatte ich doch gerade angefangen, die Sache mit dem Verliebtsein hier ernst zu nehmen.

Sofort handeln, dachte ich mir. Sobald Maike das

nächste Mal von ihrem Handy aufblickte und sich etwas anderem widmete als diesem Thomas, würde ich sie mit einem weiteren Bonbon belohnen. Ich wollte der einzige Typ sein, der ihr durch die Trostlosigkeit des Lateinunterrichts half. Wofür brauchte sie noch einen Thomas, wenn sie mich, meine Bonmots und meine Bonbons haben konnte?

Die Drops im Anschlag, beobachtete ich sie von der Seite, und jedes Mal, wenn eine Nachricht von Thomas sie zum Lächeln brachte, spürte ich in meinem Herzen einen Stich.

Zu allem Überfluss schaffte Maike es, die restlichen Minuten des Unterrichts kein einziges Mal mehr von ihrem Handybildschirm aufzusehen. Selbst dann nicht, als ich ihre Aufmerksamkeit mit einem weiteren meiner rübergeschobenen Zettelchen zu erregen versuchte. Es blieb ungeöffnet auf ihrer Tischhälfte liegen. Als die Schulglocke ging, stand sie auf, den Blick weiter aufs Handy gerichtet, und verschwand ohne ein weiteres Wort. Dieser Thomas war ein ernst zu nehmendes Problem.

Dass meine unbeholfene Pfefferminzkonditionierung bei Maike keine Wirkung gezeigt hatte, nahm ich als Ansporn, mich noch mehr in die ganze Angelegenheit reinzuknien.

Auch wenn mir weiterhin unerklärlich war, warum genau ich Maike so anziehend fand. Oberflächlich betrachtet, war sie doch wie die meisten beliebten Mädchen an unserer Schule. Sie besaß dieses typische Handtaschenmodell, sie trug jahreszeitenunabhängig einen Schlauchschal über dem engen Top, und ihre Augenbrauen sahen aus wie gezirkelt. Das alles war austauschbar, an ihr jedoch wirkte es einnehmend. Wieso bloß?

Diese Ratlosigkeit, sagte ich mir, war sicherlich Teil dessen, was mir insgesamt so neu war, Teil dieses Verliebtseins. Immerhin hatte ich bereits eine gewisse Humor-Konvergenz zwischen uns beiden festgestellt, außerdem roch Maike so gut, so normal und exotisch zugleich, denn anders als die anderen trug sie keinen Hollister-Duft oder irgendein Star-Parfum. Sie roch einfach nach sich selbst. Diese Art eigenen Haar- und Hautgeruchs, die jeder Mensch morgens nach dem Aufstehen an sich trägt und entfaltet, ein ganz intimer Duft, der spätestens beim Duschen oder Anziehen der Kleidung verloren geht. Maike trug ihn dauerhaft. Roch nur ich das? War ich ein Creep?

Und spätestens seit ich im Lateinunterricht gesehen hatte, wie sie lächelte, wie ihre Augen leuchteten, wenn sie mit diesem Phantom Thomas schrieb, fühlte ich mich herausgefordert. Was war das für ein Kerl, der Maike so sehr in seinen Bann schlug, dass sie sogar meine Zettelchen ignorierte? Mein Plan, eine Liebesbeziehung herzustellen, würde sich nur dann weiter umsetzen lassen, wenn ich wüsste, wer mein Gegenspieler war. Das galt es nun herauszufinden.

Meine Social-Media-Recherchen nach Schulschluss ergaben nichts Brauchbares. Keine Freundesliste, keine Pinnwand, keine Kommentarspalte brachte mir Informationen über diesen Phan-Thomas. Egal, welches von Maikes digitalen Umfeldern ich pflügte, nirgendwo ein Anhaltspunkt. Wie konnte sie so intensiv mit ihm schreiben, wenn sie nicht mal auf Facebook befreundet waren?

In diesem Augenblick leuchtete mein Handydisplay auf. Eine Nachricht von Maike! Mir wurde heiß. Maike hatte an mich gedacht! Und: Um mir schreiben zu können, musste sie aus dem Dauer-Chat mit Thomas ausgestiegen sein. Am liebsten hätte ich sie sofort mit einem Pfefferminzbonbon belohnt.

›Na du?‹, stand da. Mir wurde noch heißer. ›Na du?‹ – das las sich ja nachgerade neckisch! Was sollte ich antworten? Sollte ich *sofort* antworten? Oder würde es lässiger kommen, wenn ich noch ein bisschen abwartete? Doch da hatte mein Daumen das Telefon bereits entsperrt und den Chat geöffnet. Die Nachricht war gelesen, ich war online, Maike auch – nach den Gesetzen der modernen Digitalkonversation blieb mir nun nichts anderes übrig, als direkt zu antworten.

›Hi‹ – etwas Kreativeres brachte ich in der Eile nicht zustande. Für die Lateinstunden plante ich Gags sogar Tage im Voraus und achtete penibel darauf, immer genug Bonbons dabeizuhaben, wie unangenehm, dass ich mir für diesen Fall hier noch nichts zurechtgelegt hatte. ›Hi‹ – sagte man überhaupt noch ›Hi‹, oder war das mittlerweile out? War das *ich*, sah es mir ähnlich, so etwas wie ›Hi‹ zur Begrüßung zu schreiben? Hätte ich besser ›Hallo‹ schreiben sollen? Nein, das wäre zu tonlos, zu förmlich gewesen. ›Hey‹? ›Jo‹? ›Moin‹?! Egal jetzt; Maike hatte zur Antwort angesetzt, ›*schreibt …*‹ zeigte mir das Handy an.

›Du ich feier am nächsten Samstag meinen 16. bei mir zu Hause willst du auch kommen 20 Uhr geht's los?‹

Während mein Verstand mit der fragwürdigen Interpunktion von Maikes Nachricht kämpfte, fing der Rest meines Körpers zusätzlich zur aufsteigenden Hitze merkwürdig an zu pulsieren. Gerade eben noch hatte Maike mich und meinen Zettel verschmäht – und jetzt, wenige Stunden später, hatte sie an mich gedacht, mir geschrieben und mich zu ihrem Geburtstag eingeladen? Zuckerbrot und Peitsche.

Ob Thomas wohl auch schon eingeladen war? Und die ganzen anderen aus unserer Stufe auch? War ich nur einer von vielen, oder war diese Einladung auch für Maike eine so emotionale Angelegenheit wie für mich?

Es stand außer Frage, dass ich zusagen und nächsten Samstag zu Maikes Party gehen würde, da konnte kommen, was wollte. Welche Klamotten würde ich anziehen? Musste ich vorher noch mal zum Friseur? Der Spiegel sagte: Ja! Mir wuchsen die Haare ja schon über die Ohren! Und überhaupt, meine Ohren, wie eklig klein die waren!

Nachdem ich mehrere Minuten mit innerem Fragen und Zweifeln und Selbsthass zugebracht hatte, fiel mir auf, dass ich Maike immer noch eine Antwort schuldig war.

›Ich kann.‹

Wie hohl ich war! Nicht mal ein Emoji hatte ich hinter meine ohnehin schon viel zu einsilbige Nachricht gesetzt. Was Maike allerdings nicht davon abhielt, ihrerseits jenes Emoji zurückzusenden, das ein Herzchen aus seinem Mund pustet und dabei so keck zwinkert. Das gab mir

den Rest. Ein Herzchen, nur weil ich für ihre Party zu-
gesagt hatte! Sie schien also auch irgendwo irgendwas für
mich zu empfinden, was sonst konnte dieses Herzchen zu
bedeuten haben? Womit hatte ich dieses Glück verdient?
Ich, der Unerfahrene, der ich doch gar nicht in ihrer Be-
liebtheitsliga spielte.

Sofort fürchtete ich, dass das hier wie in einem dieser
abgründigen Highschool-Filme war und Maike und ihre
Cheerleader-Girls gerade gemeinsam vor dem Handy
saßen, sich über meine nerdige Leichtgläubigkeit lustig
machten und sich darauf freuten, bei der Hausparty, wir
alle hätten rote Plastikbecher in Händen, Tequila in meinen O-Saft zu kippen – und dann zuzusehen, wie ich ha-
ckenstramm in den Pool fiel.

Um auf Eventualitäten dieser Art vorbereitet zu sein,
lieh ich mir sämtliche verfügbaren Teenager-Filme unserer
Stadtbibliothek aus und sah sie mir in den Tagen bis zur
Party wie ein Besessener an. Das beruhigte mich zwar nicht
– um gänzlich cool wirken zu können, würde ich mir den
Filmen zufolge einen Pick-up-Truck besorgen müssen –,
aber es hielt mich wenigstens einigermaßen beschäftigt.

Kapitel 2

Am meisten Zeit hatten Oma und Opa. Einen Großteil meiner Kindheit verbrachte ich in ihrer Wohnung voller Teppiche, Stehrümchen und Leberwurstbrote. Ich fühlte mich sehr wohl dort. Kaum konnte ich sprechen, verabredete ich mich regelmäßig telefonisch mit den Großeltern, als wären sie meine zwei besten Freunde. Vielleicht waren sie das sogar wirklich.

Nach einem von Krieg und Arbeit bestimmten Leben zelebrierten Oma und Opa – wenn sie nicht gerade stritten – wortlos ihren Ruhestand, in dem Gemütlichkeit, Sicherheit und Routine die höchsten Güter waren.

Ich glaube, die beiden haben sich gehasst. Sie konnten einander wirklich nicht leiden. Das war ihre größte Gemeinsamkeit und gleichzeitig der Grund dafür, dass sie tief und innig miteinander verbunden waren. Wenn sie sich am jeweils anderen abarbeiten konnten, wussten sie, dass sie am Leben waren. Sie genossen es, eine Person nah bei sich zu haben, die auf verlässliche Weise scheiße und somit schon wieder liebenswert war.

Meine Existenz baut nur auf diesem paradoxen Fundament der Hassliebe: Es würde mich nicht geben, wenn Oma und Opa, die Eltern meines Vaters, sich gegenseitig nicht leidenschaftlich furchtbar gefunden hätten und dadurch im Laufe der Jahrzehnte unverzichtbar für den jeweils anderen geworden wären.

Oma hasste nicht nur Opa, sondern auch ihren Vornamen. Rotraud. Deshalb hatte sie entschieden, einen anderen Rufnamen für sich einzuführen: »Hasi«. Wie genau sie auf diese Idee kam, habe ich sie nie gefragt. Für mich war es immer ganz selbstverständlich, eine Oma Hasi zu haben.

Oma Hasi war kugelrund. Sie aß gerne und bewegte sich selten, redete viel und hatte ein Faible für alles Gemütliche, während Opa glücklich war, wenn er sich einfach nur in seinem Bastelkeller verbarrikadieren oder aus dem Küchenfenster schweigend die Straße beobachten konnte.

Trafen Oma und Opa in der gemeinsamen Wohnung aufeinander, flogen innerhalb kürzester Zeit die Fetzen. Die Gründe dafür waren meist nichtig. Opa war wieder zu lange im Keller gewesen, Oma hatte derweil Opas Hausschuhe verschludert.

Omas selbst gewählter Name war so gebräuchlich, dass Opa selbst in größter Wut alle Sätze mit »Hasi« begann. Dadurch bekam jeder noch so böse gemeinte Ausruf eine unfreiwillig freundliche und komische Note:

»Hasi, jetzt halt endlich den Mund!«

»Du weißt gar nichts, Hasi!«

»Hasi, leck mich am Arsch!«

Dieses Beziehungsmodell auszuleben erforderte viel Kreativität. Schon früh wurde ich mit einbezogen. Ich war etwa vier Jahre alt, als mein Opa mit mir in den Garten ging, wie immer die Hände hinter dem Rücken und dabei den Mittelfinger der linken Hand sicher umschlossen von der rechten Hand. Eine Zeit lang machte ich ihm das sogar nach, vermutlich in der Hoffnung, dass sich mir so erklären würde, warum Opa das tat. Ich habe es bis heute nicht verstanden.

Im Garten angekommen, zückte er zwei Handschaufeln, eine für sich und eine für mich.

»Damit graben wir jetzt in der Erde, bis wir ein paar Regenwürmer und Asseln zusammenhaben, und dann packen wir sie hier rein!« Er holte eine kleine Metalldose aus seiner Hosentasche. »Als Geschenk. Für die Oma. Dann freut sie sich!«

Ich tat, wie mir geheißen, schließlich wollte ich meiner Oma gerne eine Freude machen. Nach wenigen Minuten hatte ich einige Würmer aus der feuchten Erde gebuddelt und gepult. Auch mein Opa zog mit diebischer Freude ein Tier nach dem anderen aus dem Boden und legte es sorgsam in seine Metalldose.

Irgendwann drohte die Dose überzuquellen, und einige der Asseln und Würmer waren bereits wieder geflüchtet.

»So!« Mein Opa schloss die Dose und zerteilte dabei einen Regenwurm. »Die bringst du jetzt rauf zur Oma. Aber lass sie selber die Dose öffnen. Das soll ja eine Überraschung werden!«

Als ich meiner Oma die Dose überreichte, war ich voller Vorfreude auf ihr Entzücken und vielleicht eins ihrer Leberwurstbrote als Dank für das schöne Geschenk. Zu

Hause bei Mama gab es keine Leberwurst, wegen Rinderwahn, und auch meine Oma sollte mir auf Geheiß meiner
Mutter eigentlich nichts Derartiges aufs Brot schmieren,
was sie allerdings nur zum Anlass nahm, ihrem Enkel die
doppelte Menge an Leberwurst zu servieren. Ich genoss es
sehr, dass Oma mir etwas erlaubte, was meine Mutter verboten hatte. »Du bist viel zu dünn, und das ist schlimmer
als Rinderwahn!«, sagte Oma Hasi, das saftige(!) Graubrot
dick bestreichend, und ich nickte zustimmend. Wenn ich
das Brot aß, überprüfte Oma in regelmäßigen Abständen,
ob es mir auch schmeckte. Bestimmt alle dreißig Sekunden
stellte sie die rhetorische Frage: »Na, ist das lecker?« Sie
betonte das »das« ganz schwelgerisch, »Ist *das* lecker?«,
und nahm die Bewertung des Essens damit eigentlich
schon vorweg. So eindringlich, wie sie diese Frage stellte, traute ich mich gar nicht, etwas anderes zu antworten
als »Ja!«. Es war aber auch wirklich köstlich, dieses Graubrot mit der Schicht Butter, die genauso dick war wie die
Schicht Leberwurst. »Ist *das* lecker?!« – »Ja!«

In ähnlich hoher Frequenz sprach Oma Hasi während
des Essens folgende Empfehlung aus: »Trink noch einen
Schluck dazu, dann rutscht's besser!« Und auch hier blieb
mir nichts anderes übrig, als umgehend einen Schluck des
dicken, sahnigen Suchard-Kakaos zu trinken, den Oma
mir wahlweise kalt oder warm angerührt hatte. Noch heute brauche ich zum Essen immer etwas zu trinken, damit
»es besser rutscht«. Kein Leberwurstbrot ohne Suchard-
Kakao. Keine Mahlzeit ohne Gleitgetränk.

Für die Dose mit dem wimmelnden Inhalt sollte ich allerdings kein Leberwurstbrot bekommen. Denn was Opa nur zu gut wusste und ich in kindlicher Naivität nicht ahnte: Meine Oma verabscheute jedwedes Getier, das sich durch die Erde frisst oder sich ungefragt irgendwo einnistet. Oma öffnete die Dose mit einem Lächeln, das gefror, als sie realisierte, was dort in der Dose kreuchte und fleuchte.

Ein Schrei, auf unwirkliche Weise anschwellend, voller Not und Angst, kam aus Oma Hasi heraus. Sie schreckte wie in Zeitlupe zurück, sie weinte und tobte, und ich verstand die Welt nicht mehr, während Opa grinsend den Raum betrat, voller Genugtuung die Dose vom Tisch räumte und federnden Schrittes in Richtung Keller verschwand.

Dieses Erlebnis hinterließ mich mit einer eigenartigen Gefühlsmischung. Einerseits erfüllte es mich mit Stolz, dass Opa mich in seine Aktion mit einbezogen hatte, andererseits war ich erschrocken und mitleidig angesichts Oma Hasis Reaktion. Dass die Wimmeldose gar keine nette Geschenkidee, sondern ein fieser Streich gewesen war, erkannte ich damals nicht. Überhaupt wurde mir erst Jahre später bewusst, welche Dynamik Oma und Opa eigentlich zusammenhielt. Zu dieser Zeit nahm ich ihre befremdliche Beziehung einfach als gegeben hin. Oma erkannte die Zusammenhänge nach Jahrzehnten der Ehe natürlich sofort und war mir nicht böse. Sie wusste gleich, dass ihr Mann dahintersteckte. Doch der hatte sich ja bereits ein paar Stockwerke tiefer verschanzt.

So wie Opa mir von diesem Tag an indirekt beibrachte, auf welch vielschichtige Weisen man Oma Hasi zur Weißglut bringen konnte, so versuchte Oma, ihren Ekel vor »Ungeziefer« auf mich zu übertragen.

»Nicht anfassen, sofort weglaufen, am besten schreist du laut, damit jemand zu Hilfe kommt!«, erklärte sie. »Mäuse, Ratten, Spinnen, Würmer, Käfer und Katzen!«

»Katzen auch?«, fragte ich.

»Katzen auch. Die haben so einen durchtriebenen Blick! Sofort weglaufen!«

Keine dieser Phobien erschloss sich mir so hinreichend, dass ich sie hätte übernehmen wollen.

Für Oma gab es viele Dinge, die man tunlichst aus seinem Leben heraushalten sollte. Bestimmte Tiere, bestimmte Menschen (Leute vom Zirkus zum Beispiel oder Opa) und bestimmte Gegenstände (Messer, Gabel, Schere, Licht, Leitern und Fahrräder).

Einige Dinge mussten allerdings unbedingt ihren festen Platz im Leben haben. Persil, Erdbeermarmelade, hauchdünn geschnittener Aufschnitt und Leberwurst von der Frischetheke im Supermarkt – und mindestens ein Geheimnis.

»Ein kleines Geheimnis braucht jeder Mensch«, meinte Oma Hasi eines Tages vollkommen unvermittelt zu mir.

»Wieso?«, fragte ich.

»Na, man braucht es eben. Das macht das Leben aufregender. Ich habe auch ein kleines Geheimnis, aber ich verrate es dir natürlich nicht.«

»Schade.«

»Hast du denn auch ein kleines Geheimnis?« Sie blickte mich mit verengten Augen an.

»Ja, glaub schon«, antwortete ich verlegen. Ich dachte daran, dass ich manchmal nachts ganz leise *Bibi-Blocksberg*-Hörspiele auf meinem tragbaren Kassettenrekorder hörte, wenn ich eigentlich schon schlafen sollte.

»Und verrätst du es mir?«

»Lieber nicht.«

Sie klatschte in die Hände. »Sehr gut! Verrat dein kleines Geheimnis niemals, egal, wer dich fragt, hörst du?«

»Na gut.«

»Auch nicht dem Opa, ja? Dem darf man ohnehin nichts erzählen!«

Oma legte großen Wert auf ihr Äußeres. Zwar aß sie viel zu gerne, um sich dabei über ihr deutliches Übergewicht, ihr schwaches Herz und ihre Kurzatmigkeit noch große Gedanken zu machen, der Rest ihres Erscheinungsbildes jedoch war ihr unwahrscheinlich wichtig. Mit Bedacht und Disziplin wusch sie sich jeden Morgen mit erlesenen Seifen, zog ihre rotbraun gefärbten Haare beim Föhnen über die Rundbürste, parfümierte sich mit *Roma* und kleidete sich elegant.

Sie war genau auf der Grenze zwischen Ruhrgebiet und Westfalen aufgewachsen. Schornsteine und Kuhweiden. Und Krieg. Omas Heimatstadt war besonders schlimm bombardiert worden.

Unzählige Male erzählte Oma mir die Geschichte, wie sie mit ihren Eltern und Geschwistern zum schützenden

Bunker rannte, dicht gefolgt von der Familie aus dem Haus nebenan.

»Die Nachbarstochter Elisabeth war meine beste Freundin damals«, erklärte mir Oma Hasi jedes Mal. »Was habe ich ihre langen, dicken geflochtenen Zöpfe gerne gemocht. Richtig neidisch war ich da.«

Gerade noch rechtzeitig erreichten die Familien den Bunker.

»Eine Bombe ist nur ein paar Meter entfernt runtergekommen und explodiert. Wir waren ziemlich froh, dass wir im letzten Augenblick diese schwere Metalltür zugekriegt haben, bevor es passiert ist. Aber leider haben wir dabei jemanden ausgesperrt. Die Elisabeth mit den Zöpfen.«

Oma Hasis beste Freundin hatte es in dem katastrophalen Chaos nicht mit in den Bunker geschafft.

»Das haben wir erst gemerkt, als die Tür schon zu und die Bombe explodiert war«, erzählte Oma, den Blick nach unten gerichtet. »Als wir uns wieder nach draußen getraut haben, hingen da nur noch zwei Zöpfe im kahlen Baum. Das war alles, was von Elisabeth übrig geblieben war.«

In regelmäßigen Abständen träumte ich als Kind von dieser Geschichte. Von Elisabeth, die für mich in diesen Albträumen immer wie eine *Pippi Langstrumpf*-Mutation aussah, mit ihren dicken, strammen Zöpfen, die obendrein endlos lang waren und irgendwann wie die Computeranimation einer Doppelhelix im leeren Raum rotierten, immer schneller, ehe alles explodierte. Aufwachen. Schweißnasses Bett.

Während Oma Hasi mich regelmäßig mit der gleichen schrecklichen Geschichte von den abgebombten Zöpfen traumatisierte, wurden Opas Streiche, die er durch mich ausführen ließ, immer durchdachter. Er entwickelte laufend neue Methoden, mich auch weiterhin nicht merken zu lassen, dass ich Oma Hasi Leid zufügte. Allein das war ja schon eine gute Idee, denn mir naivem Kleinkind konnte Oma nicht böse sein – und Opa war einfach im Keller oder am Küchenfenster, während seine Streiche gespielt wurden.

Eines heißen Sommertages, ich war kaum älter als beim Dosen-Streich, vier oder fünf, gab er mir eine Handvoll Eiswürfel. »Hier! Es ist so heiß heute, die Oma braucht eine Erfrischung!«, sagte er mit der Dringlichkeit, die nur Opas bei einfachen Dingen wie einer Erfrischung an den Tag legen können. »Du gehst jetzt zu ihr hin, die Eiswürfel gut hinter dem Rücken versteckt, redest ein bisschen mit ihr, und dann steckst du ganz schnell alle Eiswürfel hinten in ihre Bluse, das erfrischt besonders!« Ich glaubte Opa diesen Unsinn. Als Kind ist man mindestens genauso oft überraschend schlau wie überraschend dämlich.

Opa veranschaulichte mir seinen Plan, indem er so tat, als würde er sich mit der rechten Hand selbst Eiswürfel hinten in den Hemdkragen werfen. »Nun geh, mein Junge!«

Mein Junge – immer, wenn Opa mich so nannte, wusste ich, dass er sich ganz und gar wohlfühlte in seiner Opa-Rolle. Seine Stimme war dann besonders tief, hatte dieses

Alter-Mann-Timbre. Er war mein Opa, ich war sein Junge – das war schön. Noch bis zu seinem Tod, ich war schon erwachsen, sollte er mich »mein Junge« nennen. Er tat das so verlässlich, wie er »Na, mach das doch!« bellte, wann immer man ihn für etwas um Erlaubnis oder um seine Meinung gebeten hatte.

»Opa, darf ich fernsehen?«

»Opa, ich geh raus, Fahrrad fahren, okay?«

»Opa, ich bau mir eine Bude!«

Höchstwahrscheinlich hätte ich auch rufen können: »Opa, ich zünde Oma an!«

Immer wäre seine Antwort ein joviales, von Selbstverständlichkeit befeuertes »Na, mach das doch!« gewesen.

Er fühlte sich gut, wenn ich mich freute, weil er mir etwas erlaubt hatte. Diese positiven Gefühle übertrugen sich zwischen uns beiden, sprangen hin und her, ein Perpetuum mobile der guten Laune.

Dass er mich nun einmal mehr »mein Junge« nannte, bedeutete für mich also erst mal nur Gutes. Und natürlich war es für mich vollkommen logisch, dass Oma Hasi an diesem heißen Tag eine Erfrischung gebrauchen konnte, zu der ich ihr natürlich unbedingt verhelfen wollte.

Beschwingt lief ich ins Wohnzimmer, wo meine Oma auf dem Sofa lag. Ihr war heute wieder »so duselig«, wie sie mir mitteilte. Auch das war etwas, worauf ich mich verlassen konnte: Oma war wahlweise »duselig«, »nicht gut« oder »schwummerig« zumute. An diesem Tag wurde das durch die hohen Temperaturen nur verstärkt.

Ich führte Opas Auftrag also ordnungsgemäß aus. Noch

während Oma über ihr Befinden klagte, ließ ich die Hand blitzschnell in ihren Nacken am Sofarand gleiten und die Eiswürfel in ihrer Bluse zurück.

Heute weiß ich, dass Oma so schweres Rheuma hatte, dass sie sich kaum bewegen konnte. Mit der eigenen Hand an ihren Rücken zu greifen und die Eiswürfel zu entfernen war für sie also im Bereich des Unmöglichen. Opa hatte das natürlich gewusst.

Oma Hasi schrie wie am Spieß. Damals hielt ich das für Laute der ultimativen Erfrischung.

»Huuuuuuuuuuh! Haaaaaaaah! Aaaaaaah!« In der Lautstärke einer Feuerwehrsirene. In Wahrheit müssen die unangenehme Überraschung, der Kälteschmerz in Kombination mit ihrem Rheuma und die Blockade ihres eigenen Körpers, sich die Eiswürfel selbst entfernen zu können, innerhalb kürzester Zeit ein unfassbares Leid in ihr ausgelöst haben.

Ich stand nichts ahnend und lachend dabei und freute mich, dass die Erfrischung so gut funktionierte. Heute tut mir das alles ziemlich leid. Ein bisschen lustig ist es aber auch.

Opas Figur, einst schlaksig und schwächlich, war durch die harte körperliche Arbeit als Klempner und die Mitgliedschaft im Boxclub im Laufe seines Lebens immer bulliger und kompakter geworden. Sein Gesicht hatte sich währenddessen genau gegenteilig entwickelt. Wie ich auf alten Fotos in der Wohnung meiner Großeltern erkennen konnte, trug es früher herbe Züge und war mit der Zeit aufgeweicht und abgemildert. Die dicken dunklen Haare und die balkigen schwarzen Augenbrauen waren ergraut, die kantig definierte Kinnpartie war unter Wohlstandsspeck verschwunden.

Opas Stimme war vom Rauchen satt und voll und klang immer zufrieden, selbst dann noch, wenn er lauthals gegen Oma anschrie. Der Schauspieler Thomas Fritsch hatte exakt die gleiche Stimme wie mein Opa. Von beiden ließ ich mir gerne Geschichten erzählen; von Thomas Fritsch als dem Erzähler der Drei-Fragezeichen-Hörspiele, und von Opa, der seine eigenen Schwänke aus längst vergangenen Tagen vortrug. Verglichen mit Oma Hasis brutaler und immer gleicher Zopfgeschichte war das, was Opa darbot, die reinste Erholung und Abwechslung. Anekdoten aus seiner Zeit als junger Klempner, in der Verträge noch per Handschlag gemacht und Aufträge in Naturalien bezahlt wurden. Besonders gerne mochte ich es, wenn Opa Geschichten erzählte, in denen etwas zu essen vorkam. Ich bekam dann immer so einen angenehm leichten Appetit.

»Da hat man sein Wort noch gehalten, als ich bei Mopsi Greifer angefangen habe! Da hat man gesagt: Morgen um soundso viel Uhr da und da, und dann war das auch so. Und wenn man den Auftrag am Ende nicht mit Geld bezahlen konnte, dann eben mit zwei Säcken voller Nüsse oder was sonst gerade so da war«, erzählte Opa, während ich es mir in Erwartung einer seiner Wohlfühlgeschichten auf dem Sofa gemütlich machte. Mopsi Greifer war der Chef des gleichnamigen Klempnerbetriebs gewesen, bei dem Opa kurz nach dem Zweiten Weltkrieg seine Ausbildung absolviert hatte. »Der Chef, der Herr Greifer, und seine Frau, die waren ja wie ein zweites Elternhaus für mich«, schwelgte Opa. »Als ich da angefangen habe, meinte der Chef zu mir: ›Du siehst aber mager aus, du musst jetzt erst mal mit mir frühstücken!‹ Und dann sind wir zwei – zack – ab in die Küche, er hat Brot, Butter und frische Kuhmilch auf den Tisch gestellt und einen riesigen Schinken aus der Speisekammer geholt, den hat er sich vor die Brust gepackt und mit einem großen Messer was davon abgesöbelt.« Das war eine der vielen Eigenheiten meines Opas: feststehende Begriffe mit großem Selbstbewusstsein apodiktisch falsch auszusprechen. »Abgesöbelt« statt »abgesäbelt«, »hupfen« statt »hüpfen«, »scheideln« statt »scheiteln« – die Liste seiner mitunter obszönen Wortneuschöpfungen war endlos. Manchmal war die Dichte von modifizierten Wörtern in einem Satz so hoch, dass man meinen konnte, Opa wäre eine Figur in der *Augsburger Puppenkiste* – die er wiederum immer »Pupsburger Augenkiste« nannte. Mir lief derweil einmal mehr das Wasser im Mund zusammen, weil Opa von dem zünftigen Willkommensfrühstück seines Chefs erzählt hatte.

»Na ja, und nachdem wir alles aufgegessen hatten, sind wir dann aufgebrochen. Gab direkt viel zu tun am ersten Tag. Der erste Auftrag war ein Notfall. Der Bendix Hofmeister, der dicke Schneider, hatte uns zu sich ins Atelier gerufen, weil die Toilette da verstopft war.«

Das war nun weniger appetitlich, fand ich. Aber vielleicht würde es in Opas Geschichte nach getaner Arbeit beim dicken Schneider eine feudale Mittagspause geben. Ich hörte weiter erwartungsvoll zu.

»Der Herr Greifer hatte ja schon viel gesehen, meinte er, aber so was wohl noch nicht. Die ganze Toilette war bis oben hin voll, nicht mit Abwasser, sondern nur mit Kot! Da ging nix mehr, die Toilette ließ sich auch gar nicht mehr abspülen. Und gestunken hat das! Da musste ich mich erst mal übergeben. Ins Waschbecken, weil die Toilette ja schon voll war. Der ganze teure Schinken und das frisch gebackene Brot, die gute Butter und die leckere Kuhmilch! Alles hab ich ausgekotzt.«

Da diese Geschichte meine Erwartungen an ein lukullisches Happy End nun gar nicht erfüllte, sah ich mich nach einer kurzen Ekelphase gezwungen, zu Oma zu laufen und ein paar ihrer Leberwurstbrote zur Beruhigung zu bestellen.

Omas und Opas Wohnung war nicht sonderlich groß. Und doch gab es dort gleich zwei ausladende Badezimmer, direkt nebeneinander. Im Grunde bestand die Hälfte der Wohnung aus Badezimmern. Ein schwarz gefliestes für Opa und eins mit weißen Kacheln für Oma Hasi. Aus dem einfachen Grund, dass Opa Sanitärfachmann war und mit dem Ausbau zweier Bäder dafür sorgen konnte, dass er und seine Frau sich schon möglichst früh am Tag, bei der Morgenroutine, aus dem Weg gehen konnten. Die zwei Badezimmer waren das perfekte Symbol für das Verhältnis meiner Großeltern: vollkommen unterschiedlich, schwarz und weiß; separiert voneinander und doch immer Seite an Seite.

Opa hatte es gerne, wenn ich mit ihm am Küchenfenster saß und wir zusammen über Raser, betrunkene Passanten oder ganz allgemein »Verrückte« schimpfen konnten. Da aus Opas Sicht eigentlich alle verrückt waren, die nicht er oder ich waren, hatten wir viel zu beobachten und zu beanstanden.

Opa: »Guck mal, der Heini da hat die Hose auf halb acht! Ungepflegt so was! Bestimmt stinkt der auch!«

Fritz: »Die Frau da hat einen hässlichen Hut auf!«

Opa: »Da ist wieder der Kemper, der vom Zeltverleih Kemper, der fährt immer wie 'ne gesenkte Sau. Irgendwann setzt der sich noch mal gegen einen Baum!«

Dieses durch die Erniedrigung der Passanten und Autofahrer erzeugte Verbundenheitsgefühl zwischen mir und Opa habe ich trotz seiner toxischen Herkunft als lupenrein schön, als eine warme Emotion abgespeichert. Ein großes Fernglas für Opa und ein kleines für mich lagen stets auf der Fensterbank bereit. Auch seinen Bastelkeller hatte Opa enkelgerecht ausgestattet: eine große Werkbank für ihn selbst und eine verkleinerte baugleiche für mich. Ich genoss es sehr, dass er mich so ernst nahm.

Wir hatten bereits viele wichtige Bastelprojekte geplant und ausgeführt: einen Fahrradanhänger nach meinen Entwürfen, einen Rollator für meine schwerbehinderte Schwester und eine Fletsche, die Opa unbedingt zum Verjagen eines »entsetzlichen, dicken, wilden Tiers« brauchte. »Was ist denn das für ein Tier?«, wollte ich wissen. »Ein Monster?« »Ja, so könnte man das ausdrücken.« Opa grinste, wie er sonst nur grinste, wenn er einen Streich an Oma plante.

Sein wichtigstes Anliegen im Keller war allerdings die Nachwuchsförderung. Er erklärte mir alle Werkzeuge und Gerätschaften, ließ mich sägen, hämmern und bohren.

»Das muss ich dir schnell noch alles beibringen! Der Opa stirbt nämlich bald«, sagte er pathosgeladen. Ich wunderte mich schon damals, dass er zuerst von sich selbst und, als es ums Sterben ging, von »dem Opa« sprach. Als wäre er zwischen den zwei Sätzen bereits überraschend gestorben, als Geist aus sich herausgetreten und mit Blick auf Enkel und Opa-Körper zum allwissenden Erzähler geworden.

Dass er sagte, er würde bald sterben, ließ mich seltsam kalt. Ich spürte, dass es schlicht nicht stimmte. Und in der Tat sollte Opa noch siebzehn weitere Jahre leben.

»Wenn ich dann bald nicht mehr bin, gehört das alles hier dir, mein Junge!«

Mit seiner Handwerker-Pranke machte er eine ausladende Geste durch den vollgestellten Bastelkeller. Hier unten war sein Reich, das Revier des Jägers und Sammlers, keine Oma Hasi, die seinen Hang zum Horten und Aufbewahren von nutzlos Gewordenem unterbinden konnte. Der Keller war eine Art Kuriositätenkabinett: Verkehrsschilder, Schneiderpuppen, Musikinstrumente, ein Flipper und ein überlebensgroßer Weihnachtsmann, dessen tote Augen mir höllische Angst einjagten. Noch furchtbarer waren allerdings die vielen dunklen Ecken, die Opa beim Vollstellen des Raumes geschaffen hatte. Durch die sperrigen Gegenstände waren einige Stellen des Raumes nicht mehr zu erreichen, nicht beleuchtet, nicht zu fassen. Diese Blindheit bei sehendem Auge ängstigte mich. Und doch ging ich immer gerne mit Opa zum Basteln in den Keller. Solange er mich dort unten nicht alleine ließ, was er nie tat, war alles okay.

Während Opa stolz auf seine Trophäen, sein Werkzeug und die Berge von Werkholz deutete, dabei seinen Bierbauch durch den engen Raum schwang und so von sich selbst gerührt war, hoffte ich, dass Opa einfach nie sterben würde. Mir fiel es schon schwer genug, mein eigenes Spielzimmer ordentlich zu halten.

———

In der schnellen Erinnerung, in der oberflächlichen Betrachtung sieht die Kindheit doch für uns alle aus wie die Eiskarten von Langnese und Schöller. Knalliger und bunter als die Wirklichkeit, simpel und strukturiert, sommerlich und süß. Hach ja, *damals*, als der Weg zum Glück noch eine Spielstraße war.

Doch sieht man genauer hin, vertieft man sich in die Erinnerung, dann verblassen die Farben, dann wird es plötzlich auch mal Winter, dann erkennt man: Das war ja zeitweise sogar richtig kacke, zum Beispiel damals, als Mama und Papa sich gestritten haben.

Wenn es stimmt, was man mir erzählt, dann hat mein Leben sehr sanft und friedlich angefangen. Wirklich ganz am Anfang, als ich zur Welt kam, so sagen die damals Anwesenden, weinte ich nie. Kein Babygeschrei, kein Gekreische, nein, da war nur ein mildes, freundliches Lächeln, das ich jedem entgegenbrachte, in dessen Armen ich lag, und allen schenkte, die in meine Wiege lugten. Das war Anlass für meinen Opa mütterlicherseits, mich »Strahlemann« zu taufen. Kurze Zeit darauf starb er. Meine ersten Lebensmonate waren seine letzten gewesen. Umso bedeutender und gebräuchlicher wurde sein Spitzname für mich innerhalb der Familie – eine Art Vermächtnis, ein Auftrag des Opas, den ich nie richtig kennengelernt habe.

Wenn man derart früh einen solchen vor Positivität und Bedeutung nur so strotzenden Beinamen erhält, wird es schwierig mit der freien Entfaltung des eigenen Charakters. Noch bevor ich *ich* wurde, war ich der Strahlemann.

Es war harte Arbeit, dieser Sunnyboy-Schablone in den Folgejahren gerecht zu werden. Natürlich hat niemand direkt von mir verlangt, immer heiter und beschwingt zu sein oder allzeit ein fröhliches Liedchen zu pfeifen – und doch hatte ich schon als kleines Kind das diffuse Gefühl, ich könnte mein Umfeld enttäuschen, wenn ich nicht die Voraussetzungen für einen echten Strahlemann erfüllte, nämlich: innerlich wie äußerlich fröhlich, ausgeglichen und liebenswürdig zu sein. Eine nahezu unlösbare Aufgabe. Kein Mensch kann dauerhaft strahlen. Das tut ja irgendwann weh – in der Gesichtsmuskulatur oder in der Seele.

Besonders als Bruder einer schwerbehinderten kleinen Schwester fiel es mir häufig schwer, gut gelaunt, charmant und witzig zu bleiben. Schöller hin, Langnese her.

Meine Schwester Martha ist nur ein Jahr jünger als ich. Ihre Gedanken sind klar, ihr Geist ist sehr wach und ihre Sprache flink, im Grunde *ein ganz normaler Mensch* – aber ihre Beine tragen sie nicht weit. Sie sitzt trotzdem ungern in ihrem Rollstuhl und nimmt kurze Wege immer zu Fuß, wackelig, aber sehr diszipliniert. Viele Menschen, denen ich das so erkläre, fragen mit einem Anflug von Enttäuschung, ob Martha »dann also keine richtige Behinderte« sei, weil sie »ja nicht diese Mandelaugen« hätte und »auch nicht sabbert und so«.

Während unserer frühen Kindheit wusste niemand genau, ob sie jemals mehr können würde als nur behäbig zu krabbeln. Sie trug eine große Brille und schielte stark. In Kombination mit ihren riesigen tief wasserblauen Augen und ihrem perfekten Kindchenschema-Gesicht war das für viele Mitmenschen Grund zur Überforderung. Sie sah so unfassbar süß aus, so herzzerreißend niedlich, dass die Information, sie sei behindert, nicht selten dazu führte, dass Wildfremde über ihrem Kinderwagen anfingen zu weinen.

Die »arme Martha«, »Kämpfer-Martha«, »starke Martha« oder schlicht die »behinderte Martha« war für mich nur eins: meine Schwester Martha. Und das machte unser Verhältnis so unbeschwert. Auch für unsere alleinerziehende Mutter war es eine große Aufgabe, mich nicht merken zu lassen, dass ich der kerngesunde Bruder einer behinderten Schwester war. Doch es gelang ihr – als einziger Person. Für die Außenwelt war und ist Marthas Behinderung immer ein riesiges Thema. Eine dunkle Wolke, die über ihr schwebt.

Wenn ich als Kind unter den Augen mancher Verwandter oder Bekannter Marthas körperliche Behinderung ignorierte und sie fragte, ob sie mir etwas aus der Küche holen oder dem Paketboten die Tür öffnen könnte, war das nur in ihrem Sinne. Sie wollte nie die behinderte Martha sein – sie wollte einfach nur Martha sein. Die schöne Erzählung, dass das kleine Mädchen nun, begeistert vom Zutrauen des großen Bruders, zum Postboten oder in Richtung Küche krabbelte, robbte oder humpelte, wird schnell überschattet von den Vorwürfen jener Verwandten, Freunde oder Bekannten, die das mitbekamen, meine Schwester höchst mitleidig – und mich strafend anguckten. Was für ein Arschloch von Bruder, das seine behinderte Schwester um solche Gefallen bat. Jedes Mal brauchte es viel Strahlemann, um mir die Gunst oder auch nur die Aufmerksamkeit des Umfelds wieder zu sichern.

In den meisten Fernsehdokumentationen über Kinder mit Behinderung sind die Geschwister höchstens Randfiguren. Sie laufen im Hintergrund durchs Bild, selbst die jüngsten helfen den Eltern anstandslos im Haushalt, schieben den Rollstuhl, scheinen früh erwachsen geworden zu sein, machen schlicht keine Umstände. Zu Wort kommen sie allenfalls als eindimensionale Stichwortgeber in Interviewsequenzen, wenn es darum geht, die familiäre Gesamtsituation zu beschreiben. Im seltensten Fall wird ihr persönliches Los als Geschwisterkind beleuchtet, kein Wort über ihre Nöte und ihre Entbehrungen, *die sind ja gesund, was haben die schon groß zu erzählen, sollen sich mal nicht so anstellen.* Es obliegt meistens den Eltern, traurig und wütend zu sein. Eltern behinderter Kinder haben längst eine Lobby, es gibt sogar ein öffentliches Bewusstsein für ihr spezifisches Schicksal, und so treten sie mittlerweile auch im Fernsehen als Identifikationsfiguren auf: *Ärger mit der Krankenkasse, Warum gerade wir, Das Auto muss umgebaut werden, Wir brauchen einen Treppenlift, Nachts muss immer einer aufstehen.* Natürlich alles berechtigte Sorgen, wichtige und wahre Informationen und ohne Frage richtig, dass es solche Reportagen gibt, die beim Publikum ein Interesse schaffen, Ressentiments entgegenwirken, Berührungsängste abbauen. Aber bei dieser Fülle an Berichten bleibt es doch bemerkenswert, dass nicht behinderte Geschwisterkinder durch die Bank als so blasse Figuren dargestellt werden. Es gibt auch kaum Literatur zu diesem Thema. Und wenn, dann ist sie wissenschaftlich, rein gar nicht kindgerecht formuliert und schweineteuer.

Bei Menschen, die ausschließlich mit gesunden Geschwisterkindern aufgewachsen sind, sorgt es oft für Entsetzen, wenn ich erzähle, dass ich früher in manchen Momenten auch gerne behindert gewesen wäre, wenn meine Schwester wegen ihrer körperlichen Einschränkungen bevorzugt behandelt wurde. Man sieht als Kind diesen Nachteilsausgleich nicht, man denkt nur: Ich will auch chauffiert, in Watte gepackt oder ganz allgemein so groß beachtet werden.

Als meine Schwester während der Grundschulzeit beispielsweise einen maßgefertigten Rollstuhl bekam, weil abzusehen war, dass sie längere Strecken nicht mehr zu Fuß würde absolvieren können, habe ich sehr entrüstet gefragt: »Und was krieg ich?«

Es war mir vollkommen unverständlich, dass Martha ein Tausende von Euro teures Gefährt »geschenkt« bekam und ich darüber froh sein sollte, dass es mir nicht wie ihr erging. Zumal Marthas Rollstuhl nicht nur perfekt auf ihre körperlichen Bedürfnisse abgestimmt, sondern auch in einem von ihr ausgesuchten Design ausgestattet war. Die zwei kleinen Vorderräder hatten durchsichtige Gummireifen mit blinkenden Regenbogen-LED-Lichtern darin, und die großen Räder an den Seiten des Rollstuhls waren im Bereich der Speichen mit von Martha ausgesuchten runden Bildplatten hinterlegt.

»Manchmal wäre ich auch gerne behindert« – was es mir früher gegeben hätte, wenn im Fernsehen oder sonst wo ein Geschwisterkind diese so tabuisierten wie magischen Worte gesprochen hätte. Ich hätte mich weniger allein gefühlt, mich weniger geschämt für diesen schlimmen Gedanken.

Trotz aller äußeren Einflüsse waren Martha und ich immer ein eingeschworenes Duo. Zu Hause, behütet von unserer Mutter, aber auch draußen, unterwegs mit dem Rollstuhl.

Mit zunehmendem Alter, so ab der Grundschulzeit, regten wir uns immer öfter leidenschaftlich auf, wenn wir Menschen begegneten, die ungefragt ihre Meinung und ihre Gefühle zu Marthas Behinderung kundtaten. Sie sagten dann Dinge wie: »Schrecklich, so was! Aber toll, dass ihr trotzdem rausgeht!« Oder: »Meine Großcousine hat das auch, ist ja leider unheilbar, na ja, alles Gute!«

Mindestens genauso schlimm waren und sind Leute, die

ihre Unsicherheit mit Übergriffigkeit kompensieren. Andauerndes Streicheln, Tätscheln und kumpelhaftes Klopfen – *Jaja, wird schon wieder, ne?* Wer wissen möchte, wie man es nicht macht, kann sich im Internet einen *Wetten, dass …?*-Ausschnitt ansehen: Der seinerzeit live in ebenjener Sendung verunglückte Wettkandidat Samuel Koch ist noch einmal zu Gast, um auf seinen Unfall zurückzublicken und zu erzählen, wie es ihm heute geht. Doch es ist nicht er, Koch, sondern Gottschalk-Erbe Markus Lanz, der schildert, »was du durchlitten hast, was du erlebt hast, welche unglaublichen Ängste du ausgestanden hast, als es auf Messers Schneide war, wie du gequält versucht hast, irgendwie wieder ins Leben zurückzufinden«. Auf dieser Betroffenheitsebene bewegt sich das gesamte nun folgende Gespräch – obwohl Koch mehrfach versucht, die Grabesstimmung mit trockenem Humor zu durchbrechen. Statt darauf einzugehen, fasst Lanz ihn väterlich an der Schulter oder am Handgelenk an (zur Begrüßung hat er Koch steif umarmt, als hätte dieser eine ansteckende Krankheit) und stellt mehrfach die leidgeile Frage, wie es Koch denn nun gehe nach seinem Unfall. Für mich ist dieser Ausschnitt die *Wetten, dass …?*-gewordene Fremdscham, auch körperlich; ich kriege die unangenehme Sorte Gänsehaut, wie bei Fingernägeln, die eine Schultafel entlangkratzen, und möchte den Bildschirm anschreien, in der Hoffnung, zu Lanz durchzudringen. Doch statt dass er mich erhört und einfach Koch die Sendung zu Ende moderieren lässt, wird während seines anhaltenden Monologs bloß eine Frau aus dem Publikum eingeblendet, die angesichts des jungen Mannes im Rollstuhl ihre Tränen nicht zurückhalten kann.

Mit dieser Haltung empfangen zu werden, diese Reaktionen zu ernten – das passiert nicht nur, wenn Markus Lanz in der Nähe ist –, das ist ganz einfach Alltag für eine behinderte Person und deren Familie.

Wenn Kinder früher auf Marthas Rollstuhl oder ihre krummen Beine starrten, minutenlang, ungeniert miteinander tuschelnd, starrten Martha und ich so lange und so böse zurück, bis die Hosenscheißer verängstigt wegrannten. Ehrlich gesagt, tun wir das auch heute noch. Manchmal fragen wir die Leute, ob sie ein Foto zur Erinnerung machen möchten. An glücklichen Tagen entschuldigen sie sich dann sogar.

Martha höchstpersönlich hatte im Kindesalter außerdem eine Strategie entwickelt, wie wir aus dem unsensiblen Umgang der anderen mit ihrer Behinderung Profit schlagen konnten. Die Strategie war eine Art zu Ende gedachter Klingelstreich, der sich insofern vom Original unterschied, als dass nur ich nach dem Klingeln wegrannte. Martha blieb einfach vor der Tür in ihrem Rollstuhl sitzen und wartete mit bewundernswerter Ruhe darauf, dass jemand öffnete. Sobald das passiert war, flötete sie der Person ein zuckersüßes »Klingelstreich!« entgegen. Keiner der Nachbarn traute sich, nun genervt die Tür zu schließen, wie man es bei einem gewöhnlichen Streich getan hätte. Wie ich jedes Mal vom nächstgelegenen Gebüsch aus beobachten konnte, blickten die meisten mitleidig zu Martha hinunter und stießen ein »Och!« oder ein »Herrje!« aus, gefolgt vom Abklopfen ihrer Hosenbeine, auf der Suche nach etwas, was man dem armen Mädchen geben konnte. Mal war es Münzgeld, bei älteren Herren auch gerne Salmiakpastillen – und hatte eine Oma die Tür geöffnet, bekam Martha gleich den ganzen Süßigkeitenschrank in einen *Ihr-Platz*-Jutebeutel gefüllt. Das funktionierte auch, wenn die Nachbarn unsere Streiche schon kannten. An das »Och!« oder »Herrje!« wurde dann noch ein »Hat er dich wieder stehen gelassen?« angehängt – und Martha kassierte trotzdem. Am Ende unserer Touren machten wir Hälfte-Hälfte. Behindi-Bonnie und Komplizen-Clyde.

Ihr Einfallsreichtum war unerschöpflich. Als Teenager waren wir mal in einem Freizeitpark. Enttäuscht davon, dass Martha nur die Hälfte der Attraktionen benutzen konnte oder durfte, hatte sie eine weitere Idee. Ich schob sie gerade im Rollstuhl über eine belebte Promenade innerhalb des Parks, als sie plötzlich flüsterte: »Kipp mich raus!«

»Was?«

»Kipp mich aus dem Rollstuhl raus! Wenn ich schon nicht in die Attraktionen reinkomme, dann machen wir die Attraktion eben selber!«

Wir hatten ja schon viel gemeinsam unternommen, aber das schien mir jetzt doch ein bisschen zu krass und zu verzweifelt.

»Ähm, aber das tut doch weh!«, warf ich ein.

»Ich fang mich mit den Armen ab!«

»Und warum genau soll ich das noch mal machen?«

»Wirst schon sehen! Jetzt mach! Und ruhig mit voller Wucht!«

Ich hatte kein sonderlich gutes Gefühl dabei, meine dreizehnjährige Schwester aus ihrem Rollstuhl zu kippen, aber da sie es so unbedingt wollte und irgendeinen Sinn darin sah, tat ich wie mir geheißen. Mit viel Schwung kippte ich Martha aus ihrem Rollstuhl.

»Oh nein!«, rief sie laut. »Aua aua!«

Wenn ich nicht gesehen hätte, wie sie sich beim Fallen hochprofessionell mit den trainierten Rollstuhl-Armen abgestützt und vor einer Verletzung bewahrt hatte – ich wäre ihrem Theater auf den Leim gegangen. So wie sämtliche anderen Parkbesucher, die erschrocken japsten und sofort herbeieilten, um ihre Unterstützung anzubieten. Auch ein Angestellter des Parks kam angerannt, um Martha aufzuhelfen.

Ringsherum bildete sich eine riesige Menschentraube. Ich hatte gar keine Chance, meinen Pflichten als Begleitperson nachzukommen. Ungefähr zehn Menschen auf einmal hatten Martha bereits wieder in ihren Rollstuhl gehoben.

»Danke, danke!«, sagte sie mit glaubwürdiger Atemlosigkeit und fügte wütend hinzu: »Das war der furchtbare Bodenbelag hier! Dieser Park ist ja rein gar nicht rollstuhltauglich! Bin einfach rausgefallen!«

Die Umstehenden pflichteten ihr in übergroßer Hilfsbereitschaft nicht minder aufgebracht bei: »Ja! Mein Reden!«, »Genau!«, »So isses!«

Ich fühlte mich wie in einem Gospelgottesdienst, der von Martha geleitet wurde.

An den Parkangestellten gewandt, sagte Martha: »Ihr Park ist nicht behindertengerecht! Erst kann ich hier kaum eine Attraktion benutzen, und dann falle ich auch noch aus dem Rollstuhl, weil der Boden so uneben ist! Ich weiß, Sie persönlich können da nichts für, deshalb möchte ich Ihren Vorgesetzten sprechen.«

Ein Jahr später wurde der gesamte Freizeitpark komplett neu gepflastert und sämtliche Attraktionen barrierefrei umgebaut. Martha bekam einen Stapel Gutscheine zur Neueröffnung.

———

Als einziger Sohn einer alleinerziehenden Mutter und als Bruder einer behinderten Schwester ging ich irgendwann nur noch allein auf öffentliche Toiletten. Was habe ich es als kleiner Junge gehasst, wenn Mama mit Martha bei den Damen oder auf dem Behindertenklo verschwand und ich allein in den Herrentoiletten klarkommen musste – oder vielmehr: in diesen Urinhöllen voller prostatakranker alter Männer (»Ächz-ächz, aua-aua, muss mich mal operieren lassen«) und ungehemmter junger Typen (»Mann, hab ich 'nen festen Strahl, rülps-furz«).

Ich war deshalb sehr froh, als Katerina in unser Familienleben trat, denn sie hatte rein gar kein Problem damit, mich kleinen Jungen aufs Herrenklo zu begleiten, während Mama bei meiner Schwester blieb. Mehr noch: Katerina schien eine spleenige Freude zu empfinden, wenn sie in die peinlich berührten Gesichter der Kerle blickte, die gerade noch die Sau rauslassen wollten, nun aber, im Angesicht des weiblichen Überraschungsbesuchs, kleinlaut vom Pissoir in die Klokabine wechselten.

Katerina muss um die fünfzehn Jahre alt gewesen sein, als sie zu uns kam. Sie war kurz vor der Nuklearkatastrophe von Tschernobyl geboren worden – und zwar *in* Tschernobyl.

Meine Mutter hatte im Supermarkt den Aushang der Organisation entdeckt, die Jugendliche aus der Katastrophenregion mit dem Bus nach Deutschland »verschickte«, damit sie sich hier ein paar Monate erholen konnten. Für dieses Vorhaben suchte man noch deutsche Gastfamilien.

Mama sah sich in der Verantwortung, rief bei der Organisation an und bewarb uns. Wenige Tage später bekamen wir Post nach Hause: ein großer Umschlag, darin ein Steckbrief und das Foto eines Mädchens, Katerina, so stand es auf der Rückseite, außerdem lag eine Art Gebrauchsanweisung bei, die unter anderem erklärte, dass die Mädchen und Jungen hin und wieder Nasenbluten bekämen, das hätte mit der Strahlung zu tun, sei aber »ganz normal«, außerdem müssten sie regelmäßig Jodtabletten schlucken, und ansonsten seien sie »ganz normale Jugendliche, die sich auf den Aufenthalt in Ihrem schönen Zuhause freuen«.

Katerina wirkte auf mich wie eine komplett erwachsene Frau, als sie aus dem Bus ausstieg. So groß und so stark sah sie aus. So fertig. Ich fragte mich, ob man trotzdem gut mit ihr würde spielen können. In diesem Alter, zwischen vier und fünf, mochte ich es besonders, Verstecken oder

Fangen zu spielen oder eine Höhle aus Stühlen, Kissen und Decken zu bauen, in der anschließend die Schreibtischlampe und der Kassettenrekorder aufgebaut wurden.

Doch als ich die Frage nach Katerinas Spielfreude kurze Zeit darauf im Auto direkt an sie richtete, runzelte sie nur die Stirn, schüttelte dabei den Kopf und zuckte mit den Schultern.

»Mama, ich glaub, die weiß nicht, was Spielen ist!«, gab ich entsetzt nach vorne zum Fahrersitz durch.

»Die Katerina kann kein Deutsch, die versteht dich nicht! Die kann nur Ukrainisch! Natürlich weiß die, was Spielen ist!«, antwortete meine Mutter.

Und wie Katerina wusste, was Spielen ist! Wie sich zu Hause angekommen herausstellte, ließ sie keine Vorsicht walten beim Toben und Raufen. Zu meiner Begeisterung war sie richtiggehend brutal, schleuderte mich durch mein Zimmer, bewarf mich mit harten Gegenständen, trat nach mir, schien aber trotzdem alles im Griff zu haben. Zumindest verletzte ich mich nie ernsthaft und hatte immer ungemeinen Spaß mit ihr.

Auch gegenüber Martha benahm sich Katerina um einiges ruppiger als sämtliche anderen Menschen, die ich bis zu diesem Zeitpunkt kennengelernt hatte. Ich beobachtete das mit großem Erstaunen. Katerina schien nicht begreifen zu können oder zu wollen, dass Martha mit drei Jahren noch nicht krabbeln wollte. Immer wieder nahm sie Marthas Gliedmaßen fest in ihre großen Hände und ahmte Krabbelbewegungen nach. Wenn sie losließ und Marthas Körper augenblicklich wieder erschlaffte, stieß Katerina laute Wutschreie aus und murmelte in fremder Zunge vor sich hin.

Sobald ich einmal verstanden hatte, dass sie kein Deutsch verstand, kommunizierte ich in Zeichensprache mit ihr. Im Laufe der Zeit brachte sie mir sogar ein bisschen Surzhyk bei, eine Mischung aus Russisch und Ukrainisch. Ich lernte schnell, und so hatten wir bald einen Weg gefunden, uns zum Spielen oder zu anderen Alltagsaktivitäten zu verabreden.

Katerina liebte es, kleine Filme mit unserem Camcorder zu drehen. Seit meine Mutter ihr dessen Funktionsweise erklärt hatte, war Katerina schlichtweg besessen von dem Gerät. Sie hielt es offenbar für ein technisches Wunder, dass sie mit der Videokamera etwas aufzeichnen und durch die Verkabelung mit unserem Röhrenfernseher anschließend wieder abspielen konnte.

Im Laufe ihres Aufenthaltes bei uns verfeinerte Katerina ihre Fertigkeiten als Regisseurin. Die Handlungen ihrer Kurzfilme wurden immer durchdachter, sie schrieb sogar ein paar kleine Drehbücher in kyrillischen Buchstaben; sie machte sich auf die Suche nach geeigneten Drehorten in der Umgebung unserer Wohnung, und sie suchte unermüdlich nach neuen Schauspieltalenten, die sie vor unserem Camcorder groß rausbringen konnte. Da aber niemand außer Martha und mir Zeit – oder vielmehr: Lust – hatte, sich von ihr inszenieren zu lassen, blieb Katerina nichts anderes übrig, als ihre ambitionierten Filmprojekte mit uns zwei kleinen Kindern zu besetzen. Die Kombination aus ihren großen Ideen und unserem schauspielerischen Unvermögen, gepaart mit dem kargen bis nicht vorhandenen Budget für Ausstattung und Spezialeffekte, hatte eine Reihe von geradezu avantgardistischen Kurzfilmen zur Folge.

Ich fand neulich eine alte Videokassette mit folgendem Inhalt:

Die Eröffnungssequenz zeigt ein vor die Kamera gehaltenes DIN-A4-Papier, auf dem in handschriftlichen kyrillischen Buchstaben der Titel des Films steht: »Der Wurm und der Vogel«. Schnitt. Die Kamera schwenkt durch unser Wohnzimmer mit dem alten Sofa, während klassische Musik aus der im Off befindlichen Stereoanlage ertönt. Der Schwenk endet beim offenen Fenster, das den Ausblick freigibt auf sommerliche Baumkronen. Schnitt. Es wird aus dem Fenster heraus und auf die Wiese vor dem Haus gezoomt. Langsam erkennt man, dass dort etwas im Gras liegt. Es ist Martha.

Wie es aussieht, liegt sie wirklich mutterseelenallein dort vor dem Haus, krabbelt nach wie vor nicht, wälzt sich aber behäbig hin und her, als wolle sie weg. Sie scheint sich zu quälen, ihr Körper verweigert offenbar das, was ihr Kopf gerne hätte. Kein Wegrobben, erst recht kein Aufstehen. Es ist der Anblick, der bei Außenstehenden sofort das Gefühl von grenzenlosem Mitleid auslöst. *Jetzt helft dem Mädchen doch mal!* Dazu die dramatische Orchestermusik.

Doch Katerina hält weiter gnadenlos von oben aus der Wohnung drauf. Nach ein paar Sekunden komme ich aus Richtung der Haustür ins Bild gehüpft, auf Martha zu, vollständig schwarz gekleidet, mit weit ausgebreiteten Armen, und schreie: »Kra! Kra! Kraaa!«

Schnitt. Die Kamera ist nun ebenfalls unten auf der Wiese und filmt das Geschehen wackelig aus nächster Nähe. Die klassische Musik ist jäh verstummt.

Ich bin nun bei Martha angekommen, beuge mich zu ihr hinunter und beginne, mit der Nasenspitze auf ihren gesamten Körper einzuhacken. Dabei mache ich weiter »Kra! Kra! Kra!«. Als Zuschauer begreift man nun: Martha ist der Wurm, ich bin der Vogel, der sie auffrisst. Die Kamera entfernt sich schnell von uns beiden, man hört Katerinas lauten Atem und ihre schnellen Schritte. Sie schwenkt ungelenk zur Seite, man erkennt noch kurz meine Mutter, die offenbar die Dreharbeiten vom Hauseingang aus beaufsichtigt hat, dann sieht man Katerinas Schuhe und den Bürgersteig vor dem Haus. Blut tröpfelt auf die Steinplatten. Katerina hat Nasenbluten. Bildrauschen. Der Film ist zu Ende.

Sie blieb von Frühling bis Winter. Danach musste ich wieder allein aufs Herrenklo.

Vor ein paar Jahren hat Katerina mich bei Facebook ausfindig gemacht und unter ein aktuelles Foto von mir kommentiert: »Mein kleiner Vogel«.

———

2002, am Tag meines fünften Geburtstags, fuhr ich in unserer Straße mit dem Fahrrad auf und ab. Ich wartete ungeduldig auf die Verwandten. Auf Oma, die immer einen selbst gebackenen Kuchen mitbrachte, auf meine Cousinen und Cousins, für die ich ein aufwendiges Unterhaltungsprogramm (bestehend aus Musikeinlagen, gespielten Witzen und der Vorführung verschiedener Verkleidungen) in meinem Zimmer vorbereitet hatte, und auf meine Paten, die hoffentlich dicke Geschenke im Gepäck hatten. Wenn ich mit dem Rad patrouillierte, dachte ich, würden sie alle schneller eintreffen.

Und irgendwie war das auch so. Denn wie immer, wenn ich draußen unterwegs war, unterhielt ich mich sehr angeregt mit mir selbst. So flog die Zeit dahin, während ich verschiedene Rollen einnahm, um das Gespräch interessanter zu gestalten, oder Pausen anmoderierte, in denen eine weitere meiner vielen Persönlichkeiten als musikalischer Stargast auftreten durfte.

Ohne jede Vorwarnung flatterte plötzlich eine Taube vor mein Fahrrad mit Fahne hintendran, auf dem ich erst seit knapp einem Jahr fehlerfrei und ohne Stützräder fahren konnte. Das Tier flog wie blind mit dem Kopf direkt in die Speichen des Vorderreifens und geriet durch die schnelle Drehung und die Hebelwirkung seines eigenen knackenden Taubengenicks in die Fahrradgabel. Ich war viel zu überrascht, um noch bremsen zu können. Ich musste dabei zusehen, wie die Taube im Vorderreifen des Kinderfahrrads rotierte. Zuerst das Knacken des kurzen Halses, begleitet von einem letzten lauten Gurren, das beinahe verblüfft klang, von dieser bescheuerten Art, zu Tode zu kommen. Und dann, als auch die Flügel und der Rest des Körpers in die Speichen gerieten, weiteres Knacken und Knirschen. In einem Gestöber aus aufgewirbelten Daunen kam mein Rad zum Stehen. Ich hatte nun nicht *für*, sondern *durch* die Taube gebremst.

Als erste Gäste kamen Oma und Opa im 90er-Jahre-BMW vorgefahren. Oma Hasi trug ihr Feiertagsparfum, Opa trug alles andere.

»Mir ist eine Taube ins Fahrrad geflogen«, sagte ich zur Begrüßung.

»Mein Gott und Vater, nee!« Oma erschrak und hielt sich eine Hand vor Augen. »Wie ist das denn passiert?«

»Weiß auch nicht, die ist da einfach rein und dann kaputtgegangen.«

»Igittigittigitt! Fritz, das ist ganz pfui«, erklärte mir Oma.

»Hasi, da kann der Junge doch nichts für!«, polterte mein Opa.

»Hab ich das behauptet? Erst mal herzlichen Glückwunsch dem Geburtstagskind!«

»Ja, alles Gute, mein Junge!«

Mein Opa erklärte sich bereit, das, was von der Taube übrig war, aus dem Vorderreifen zu pulen, Oma Hasi schnitt oben in der Wohnung derweil den Kuchen an, der, wie sie meiner ebenfalls mit Vorbereitungen beschäftigten Mutter versicherte, garantiert Leberwurst- und Rinderwahn-frei sei. Es befremdete mich, wie parallel das ging: Opa, den ich aus dem Küchenfenster beim ekelerregenden Taubenpulen beobachten konnte, und links von mir Oma, die den äußerst appetitlichen Kuchen anschnitt. Überhaupt war diese Begebenheit in ihrer Gesamtheit so bizarr, so buchstäblich einschneidend, dass ich noch heute beim Kuchenessen an die zerfledderte Taube denken muss – und andersherum beim Fahrradfahren fürchte, ein solches Tier könnte mir in den Vorderreifen flattern.

Nach und nach trudelten die anderen Gäste ein, jeweils bepackt mit gleich mehreren Geschenken, was mich natürlich sehr neugierig machte. Die Päckchen wurden auf dem eigens dafür leer geräumten Küchentisch abgelegt, und erst, als die gesamte Familie beisammen war, durfte ich sie öffnen.

Ich ging zum Tisch, griff mir ein großes Geschenk mit schönem rotem Papier und wollte es gerade aufreißen, als meine Tante sich zu Wort meldete: »Ähm, also, nein, das Geschenk war eigentlich für Martha.«

Ich verstand nicht. »Aber *ich* habe doch heute Geburtstag!«

»Ja, na klar, aber man bringt doch den Geschwisterkindern auch immer ein kleines Geschenk mit!«

Das war, soweit ich mich erinnern konnte, in der Tat schon bei vorherigen Feiern so gehandhabt worden, aber nie war es dermaßen unangenehm aufgefallen wie in diesem Moment.

Die Geburtstagsrunde wurde unruhig. »Für dich ist das blaue Geschenk daneben«, sagte meine Tante, nahm mir das rot eingeschlagene Päckchen aus der Hand und reichte es der verwirrten Martha.

Ich griff nach dem blauen Geschenk, das wesentlich kleiner war. Die Größe der Geschenke war für mich durchaus ein Maßstab dafür, wie gern mich die schenkende Person hatte.

Wie sich herausstellte, hatten ausnahmslos alle Verwandten auch Martha ein Geschenk mitgebracht, das in den meisten Fällen die Größe und manchmal sogar den Wert des Geschenks für mich überstieg. Auch die Spannung und die Begeisterung im Raum waren größer, wenn Martha die bunten Papiere aufriss, motorisch so unbeholfen und am Ende entzückt über das, was sie da ausgepackt hatte.

Ein letztes Geschenk lag auf dem Tisch. Das konnte ja nur für mich sein, schließlich war ich immer noch das Geburtstagskind – und Martha hatte bereits genauso viele Geschenke bekommen wie ich. Noch bevor ich das Geschenk vom Tisch nehmen konnte, ertönte eine Stimme. »Das ist für die Oma!«

Mein Opa hatte sich erhoben. »Hasi, du bekommst heute auch eine Überraschung!«

Damit hatten Martha und ich auf meiner Geburtstagsfeier exakt gleich viele Geschenke bekommen. Ich sah traurig zu Boden und versuchte mich daran zu freuen, dass wenigstens Mama schon am Morgen eine bunt dekorierte Frühstückstafel gedeckt hatte, auf der drei große Geschenke nur für mich gestanden hatten. Ein Kassettenrekorder, eine Box mit Hörspielen meiner Lieblingsreihe *Bibi Blocksberg*, in deren Hauptfigur ich mich verliebt hatte, und eine Diskokugel, die ich mir dringend gewünscht hatte, um meinem Showprogramm ein Upgrade verpassen zu können.

Unter den irritierten Blicken aller Anwesenden reichte Opa nun das Geschenk an Oma Hasi. Sie blickte ihn misstrauisch an und verschwendete offenbar keinen Gedanken daran, dass Opa ihr ernsthaft ein Geschenk machen wollte.

»Bist du wirklich so bösartig, dass du mir jetzt sogar schon hier, vor versammelter Mannschaft, einen Streich spielst?«, fragte sie meinen Opa.

»Streich?« Opa machte eine unschuldsvolle Miene. »Das ist ein Geschenk!«

»Oma Hasi, mach doch das Geschenk vom Opa auf!« Das war Martha, die da gesprochen hatte. Mit ihren schielenden Kulleraugen saß sie im Kinderstuhl und lächelte Oma Hasi aufmunternd an. Oma hatte nun keine Wahl mehr. Alle hielten die Luft an, als sie mit zitternden Händen das Geschenkpapier abzog und langsam die Pappschachtel öffnete.

Nicht nur Oma Hasi schrie.

Im Innern lag die zerhäckselte Taube.

Kapitel 3

Ich hangelte mich von Tag zu Tag. Vormittags seelenloser G8-Unterrichtsstoff, nachmittags träumerische Vorfreude auf Maikes Party. Und disziplinierte Vorbereitung: neue Gags ausdenken, Friseurtermin machen und wahrnehmen, das beste Hemd bügeln, ums Geschenk kümmern. Oder besser: um *die* Geschenke. Zum einen hatte ich Maike ein Buch gebastelt mit allen lustigen Kritzeleien aus unserer gemeinsamen Unterrichtszeit und dafür mein komplettes Lateinheft zerschnitten, zum anderen schenkte ich ihr einen Gutschein für eine Fahrradtour mit Picknick. Ein Geschenk zum Anfassen und eins zum Erleben. Wobei ich mir noch nicht sicher war, welches Geschenk welches war.

Am Samstagmorgen wachte ich um sieben Uhr auf. Vor Aufregung. Heute war es so weit! Zwar erst um zwanzig Uhr, aber nun, da ich schon mal wach war, dachte ich, könnte ich die Zeit ja für weitere Vorbereitungen nutzen. Noch vor dem Frühstück war ich geduscht und vollständig eingekleidet für die Party am Abend. Da Mich-ausgeh-fertig-zu-machen aber tatsächlich die einzige Aktivität war, die ich noch nicht vorbereitet hatte, saß ich den gesamten Samstag unruhig und ohne Beschäftigung in meinem Zimmer. Tausend Gedanken sausten durch mein Hirn.

Was würde auf so einer Party wohl passieren? Wie verhielt man sich dort am besten? Würde getanzt werden? Das hatte ich doch alles noch nie gemacht! Viele in meinem Alter, um die fünfzehn, hatten bereits Partyerfahrung gesammelt, ich hingegen war an den Wochenenden bisher lieber zu Hause geblieben und hatte mich vor den Fernseher gesetzt, um beim *Großen Sat.1-Fun-Freitag* ein paar Gehirnzellen abzutöten. Das war wirksamer als jeder Alkoholrausch und peinlicher als jede Jugendparty. Ich konnte einfach nicht fassen, wie unlustig dieses »Fun« im Namen tragende Fernsehprogramm tatsächlich war. Beim Durchzappen blieb ich regelmäßig dort hängen – fasziniert vom Grauen.

Vor dem Spiegel in meinem Zimmer probte ich, schlaksig wie ich war, ein paar Tanzeinlagen. Das sah schlimm und peinlich aus, befand ich. Es galt, die Öffentlichkeit und auch mich selbst vor diesem grauenvollen Anblick zu schützen, deshalb würde ich auf der Party versuchen, möglichst lässig in der Ecke zu stehen, statt zu tanzen, allein das würde mir schon schwer genug fallen.

Als ich wenig später in die Küche ging, um meinen vor Aufregung trockenen Mund mit Mineralwasser zu befeuchten, traf ich auf meine Mutter, die mich über eine Zeitschrift hinweg beobachtete.

»Was bist du denn heute wieder so hibbelig?«, fragte sie mich.

»Ich bin nicht hibbelig!«, entfuhr es mir sowohl viel zu laut als auch viel zu schnell und damit extrem unglaubwürdig.

»Soso. Na dann.« Meine Mutter hatte diesen leichten Singsang in ihrer Stimme. Sie verschwand wieder hinter ihrem Magazin und fragte mich von dort aus leise: »Und warum bist du so schick angezogen?«

»Ich gehe heute Abend auf eine Party.«

»*Du* gehst auf eine Party?« Ich konnte förmlich hören, wie meine Mutter hinter der Zeitschrift eine Augenbraue hochzog. »Das machst du doch sonst nicht«, fügte sie hinzu.

»Stimmt«, antwortete ich, »ist ein Geburtstag heute.«

»Wer hat denn Geburtstag?«, fragte sie, das Gesicht immer noch verdeckt.

»Kennst du nicht.«

»Wie heißt sie?«

»Woher willst du wissen, dass es eine Sie ist?«

»Ich kenne dich seit deiner Geburt, du hast schon immer die Schotten dicht gemacht, wenn es um Mädels ging.«

Es hatte keinen Sinn, meiner Mutter etwas zu verheimlichen. Entweder sie wusste es bereits, oder sie würde es noch rausbekommen. Das schaffte sie ganz ohne Spionage – sie las einfach alles an mir ab. An meinem Gesicht, an meiner Körperhaltung, am Subtext meiner Sprache.

Zu rauchen, zu trinken oder gar härtere Drogen zu nehmen und dann zu versuchen, es meiner Mutter zu verheimlichen, wäre unmöglich gewesen. Deshalb hatte ich es lieber gar nicht erst versucht. Abgesehen von der Tatsache, dass ich von Natur aus riesigen Schiss vor einem Kontrollverlust gehabt hätte. Ich gab mich also auch hier, in der Küche, geschlagen.

»Sie heißt Maike, und sie geht in meine Stufe.«

Mama klatschte ihr Magazin auf den Küchentisch und sah mich ein paar Sekunden mit ihren Laseraugen an. Dann stand sie auf, nahm eine Blume aus der Vase, die auf dem Küchentisch stand, und überreichte sie mir.

»Die gibst du deiner Maike«, sagte sie, setzte sich und verschwand ohne ein weiteres Wort wieder hinter der Zeitschrift. Das Gespräch war beendet.

Um zwanzig Uhr sollte die Party losgehen, um neunzehn Uhr verließ ich das Haus. Die Luft roch so, wie sie es nur an Septemberabenden schafft zu riechen. Vom ausklingenden Sommertag mit duftendem Leben gesättigt, von der hereinbrechenden Herbstnacht behutsam angekühlt. Der Himmel war gerade fürchterlich kitschig rosa-orange eingefärbt, die Vögel zwitscherten müde, und natürlich wurde irgendwo gegrillt. Vielleicht ja auch auf der Party! War da schon was los? Ohne mich?

Bis zu Maikes Elternhaus waren es mit dem Fahrrad zehn Minuten. Eigentlich wusste ich das, ja, ich war viel zu früh dran, und als erster Gast zur Party zu erscheinen war uncool, aber ich konnte einfach nicht länger zu Hause rumsitzen und abwarten. Und vielleicht würde ich auf dem Weg von irgendwem aufgehalten. Vielleicht würde mich ein Auto anfahren. Unter Berücksichtigung dieser möglichen Ereignisse stünde gerade genug Pufferzeit bis zwanzig Uhr zur Verfügung.

An diesem frühen Samstagabend im Spätsommer allerdings waren die Straßen unserer kleinen Stadt ruhig und leer, niemand hielt mich auf, und es fuhr mich auch kein Auto an; um zehn nach sieben bog ich in Maikes Straße ein.

Das war dann doch ein bisschen früh. Ich drehte noch zwei langsame Runden um die spießige Wohnsiedlung, dann sah ich wieder auf die Uhr. Halb acht. Das war ja irgendwie schon fast acht. Diese Aufregung hier würde ich außerdem sowieso nicht mehr lange durchhalten. Ich schwitzte, und doch war mir irgendwie kalt, also: Los jetzt!

Obwohl ich noch so viel Zeit hatte, raste ich die restlichen Meter zum Haus, klingelte mit schlecht durchblutetem Zeigefinger, nahm unsicheren Schrittes ein bisschen Abstand von der Haustür und wartete.

Ein paar Sekunden hörte ich nur die Grillen im Vorgarten. Der Steinweg vor dem Hauseingang hatte sich den Tag über mit Sonne aufgeladen und strahlte nun eine leichte Wärme zu mir hoch.

Ich hörte Schritte hinter der Haustür. Es wurde geöffnet. Und da stand sie. Maike. Anziehender als je zuvor. Sie roch noch intensiver als in der Schule, sie hatte ein kurzes rotes Kleid an, ihre Haut war heute besonders sommerbraun, ihr kastanienfarbenes Haar feierlich hochgesteckt.

»Oh, du bist's schon!«, sagte sie und lächelte mich an. Das sah so erwachsen aus, wie sie lächelte, so wissend. Oder kam mir das nur so vor, weil sie jetzt sechzehn war und ich immer noch ein kleiner unerfahrener Fünfzehnjähriger? Vor lauter Grübeln bemerkte ich erst sechs Sekunden nach Maikes Frage, dass ich ihr noch nicht geantwortet hatte.

»Ja, äh, ich, schon da!«, stammelte ich und fügte an: »Geschenke!«

Maikes Erwachsenenlächeln hielt trotz meines schrägen Verhaltens stand. Das beruhigte mich.

»Herzlichen Glückwunsch zum Geburtstag, hier, ich habe dir Geschenke mitgebracht«, flüsterte Maike, als wäre sie meine Souffleuse. Ich musste lachen, das half gegen die Aufregung. Humor! Hatte ich es doch gewusst, das war der Grund, warum Maike und ich für immer zusammengehörten!

»Genau das wollte ich auch gerade sagen«, brachte ich nun endlich einen vollständigen Satz heraus und übergab Maike meine Geschenke.

»Oh, wie lieb, danke!« Maike freute sich wirklich aufrichtig. »Sogar zwei Geschenke! Die packe ich später aus, ja? Und so eine schöne Blume! Toll, dass du da bist! Komm her!«

Maike drückte mich zur Begrüßung an sich und küsste mich auf die Wange. Ich fiel fast in Ohnmacht. Sie war so warm, so weich, Hilfe, waren das etwa *Brüste*, die ich da zwischen uns spürte? Bitte, niemals mehr sollte diese Berührung hier aufhören, niemals mehr würde ich meine Wange waschen, dort, wo sie mich geküsst hatte. Die Stelle meines Oberkörpers, an der ich Maikes Brüste vermutete, kribbelte merkwürdig. Was sollte ich jetzt mit diesem Gefühl anfangen? Durfte ich das schön finden? War das überhaupt ein schönes Gefühl? Oder kribbelte dort bloß meine Überforderung?

Dieser kurze Augenblick der Nähe wurde von meinem

pubertären Hirn zum alles verdrängenden Nonplusultra aufgeblasen.

Umso schaler fühlte es sich an, nachdem Maike sich von mir gelöst und damit meine Glückseligkeitsblase zum Platzen gebracht hatte.

»Hereinspaziert, der Herr!« Maike führte mich ins Haus. »Warum bist du denn schon so früh da? Hatte ich dir nicht zwanzig Uhr geschrieben?«, fragte sie.

»Doch …«, sagte ich sehr langsam. Maikes Frage drang nur in Teilen zu mir durch. Mein Hirn war noch zu erschöpft von der Begrüßung und nicht bereit für weitere aufwendige Gedankenleistungen. Statt sich Maikes Frage zu widmen, verlagerte es den Fokus auf Einfacheres: die Einrichtung des Hauses. Mir fiel auf, wie hässlich hier alles eingerichtet war. Unerwartet hässlich, wenn ich bedachte, wie schön ich Maike fand. Das Haus hatte von außen unscheinbar gewirkt, zweckmäßige Fünfzigerjahre-Architektur, beim Innenbereich aber hatte Maikes Familie sich offenbar in einer der Nachbarstädte inspirieren lassen: Gelsenkirchener Barock war das vorherrschende Wohnthema. Mein Blick schweifte durch den geschmacklosen Raum und kam schließlich wieder bei der hübschen Maike an, die hier angeblich wohnte, in diesem Eiche-rustikal-Albtraum.

»Und warum bist du dann jetzt schon hier?« Maikes Frage riss mich aus meinen Gedanken.

»Hab mich irgendwie … mit der Anfahrt verschätzt … zeitlich …« Ich stammelte wieder.

»Na ja, macht ja nichts!«, sagte Maike beschwingt. »Ich

park dich einfach kurz bei meiner Mutter! Muss mich noch schnell schminken!«

»Bei deiner was?« Ich war nicht darauf vorbereitet, schon nach so kurzer Zeit meiner zukünftigen Schwiegermutter vorgestellt zu werden. Ich wollte irgendeine Ausrede erfinden und mit Maike auf ihr Zimmer gehen – wie es dort wohl aussah? –, doch da hatte sie mich schon vor sich her in die Küche geschoben, wo eine Frau mit drahtiger Statur, kurzen roten Haaren und blauem Kajal unter den Augen dabei war, eine Brötchenplatte vorzubereiten.

»Oh, da is schon der Erste! Nabend! Ich bin die Mama vonne Maike!«, sagte sie in breitem Ruhrdeutsch.

»Hallo, guten Abend, Frau Seidel, ich bin Fritz!« Ich klang wie ein Tagesschau-Sprecher, aber immerhin: Ich hatte mal wieder einen ganzen Satz gebildet.

»Frau Seidel is meine Omma, ich bin die Babsi!«, polterte Maikes Mutter. Ich musste laut lachen. Maike auch.

»Na, ihr versteht euch ja schon super! Cool! Ich bin kurz oben!«, rief sie und ließ mich mit ihrer Mutter allein. Ich stand verloren in der konsequenterweise ebenfalls eichenen Küche.

»Fritz, Kerlchen, setz dich. Bierchen?«

Ohne dass ich zugestimmt hatte, knallte Babsi eine Flasche Pils vor mir auf den Küchentisch und begann mit ihrer Art des Small Talks: Sie dachte einfach laut.

»Hömma, meinse, mein Mann hilft uns hier mal beien Vorbereitungen? Natürlich nich! Liecht draußen aufn Liegestuhl und döst! Ich bin hier grad dabei, noch 'n paar Brötchen zu schmieren. Könn' sich gleich alle wat von nehmen, weiße? Dann muss ich später nix mehr tun und kann mir richtich schön die Kante geben! Mir brennt schon ordentlich die Lunte!« Das Zarte musste Maike von ihrem Vater geerbt haben, überlegte ich und versuchte, einen Blick durchs Fenster in den Garten zu erhaschen.

»Klingt gut«, antwortete ich, während ich hinaussah, »kann ich denn noch irgendwo behilflich sein?«

»Ach, du bis' wohl so 'n Höflichen, ne?« Babsi sah von der Brötchenplatte auf und fixierte mich mit gespielter Strenge. Dann lächelte sie das Erwachsenenlächeln, mit dem mich Maike gerade noch in ihren Bann gezogen hatte. Irritierend, es nun an der hemdsärmelig-hochroten Maike-Mutter zu sehen.

»Man tut, was man kann«, floskelte ich in der Hoffnung, vor Babsi schlagfertig und witzig rüberzukommen. Und das funktionierte anscheinend. »Nee, du, lass ma, ich bin hier eh schon inne Endzüge«, gluckste sie. Und während sie weiter davon schwärmte, wie sehr sie sich gleich »einen hinter die Rüstung römern« wollte, klatschte sie unnatürlich runde und dicke Scheiben Discounter-Aufschnitt auf die mit knallgelber Margarine bestrichenen Brötchenhälften – Oma Hasi wäre bei diesem Anblick Amok gelaufen.

Ich fragte mich unterdessen, ob Maike sich dort oben in ihrem Zimmer wirklich schminkte, oder ob sie womöglich schon wieder in den Chat mit Thomas vertieft war. Ein Angstblitz durchfuhr mich, fast hatte ich es vergessen: Der Kerl würde hier ja vermutlich auch auftauchen!

Es klingelte. »Ach, dat sind sicherlich die Nächsten«,

sagte Babsi. »Ich geh schon!«, rief Maike von oben und sprang fröhlich die Treppe hinunter.

Ich hörte, wie die Haustür geöffnet wurde. Am nun folgenden Gekreische und an der hereinwehenden Parfumwolke konnte ich festmachen, dass es einige von Maikes Schulfreundinnen waren. In perfekter Regionalexpress-Junggesellinnenabschieds-Manier wurde umgehend angestoßen, Geschenke wurden überreicht; die Laune hatte verdammt noch mal spitzenmäßig zu sein.

Jetzt, da die Tür offen war, kamen immer mehr Gäste ins Haus. Einige von ihnen kannte ich aus dem gemeinsamen Lateinkurs. Ich begrüßte sie überschwänglich, vor lauter Freude darüber, dass sie nicht Thomas waren – und darüber, dass ich nun nicht mehr allein mit Babsi in der Küche sitzen musste. Von meinen wirklichen Freunden war allerdings niemand eingeladen. Das brachte mich einmal mehr zu der Frage, was Maike und ich eigentlich aneinander fanden. Dadurch, dass Babsi nun alle anderen Gäste mit Essen, Getränken und Konversation versorgte, hatte ich Zeit, einmal mehr in Gedanken über Maike und mich zu versinken. Nachdem bei Maikes Begrüßung wohl schon sämtliche Adrenalin- und Dopaminvorräte meines Körpers aufgebraucht worden waren, kamen unnötig grundsätzliche und trübsinnige Fragen in mir auf. Warum glaubte ich seit Neuestem, verliebt in sie zu sein, und warum fand sie mich sympathisch genug, mich zu ihrer Party einzuladen? Wir hatten ja ganz offensichtlich nicht mal gemeinsame Freunde.

Draußen wurde es langsam dunkel. Maikes Vater, der in

der Tat eher weiche Züge hatte, so wie sie, war nun hell-
wach und zündete im Garten gut gelaunt ein Lagerfeuer
an. Im Wohnzimmer hatte jemand das AUX-Kabel der
Stereoanlage in Beschlag genommen und spielte von Sean
Paul über Jason Derulo bis David Guetta einen stumpfen
Feiertrack nach dem anderen.

Von Maike bekam ich nicht viel mit. Erstens war sie
immer noch damit beschäftigt, ihre Gäste zu begrüßen –
und zweitens nahm mich die bereits ziemlich angeschi-
ckerte Babsi aufs Neue in Beschlag. Und das wurde mir
unangenehm.

»Die Maike is 'ne Hübsche, ne?«, lallte sie mich über
den Lärm hinweg an. Sie schielte leicht.

»Ja, natürlich!«, antwortete ich.

»Ich weiß au' nich, wie wir die hingekricht haben!« Das
fand ich nun doch sehr reflektiert von Babsi, zumal für sieben hintereinander geleerte Flaschen Pilsbier intus.

»Un' getz wird die schon sechzehn!«, schrie Babsi und
stand auf. »Auf die Maike!«, röhrte sie durch die Küche.
Ein paar eingeschüchterte Teenager erhoben brav ihre
Flaschen und wiederholten Babsis Worte. Doch Babsi war
noch nicht am Ende, sie hatte anscheinend eine kleine
Festrede vorbereitet.

»Liebe Gäste! Heute is 'n ganz besonderer Tach! Weil:
Vor sechzehn Jahren ... plus neun Monate davor ... hatten
der Klaus und ich Sex! Und heute feiern wir Geburtstag!
Jaaa!«

Babsi fing an, ausgelassen zu der Musik zu tanzen, die
aus dem Wohnzimmer drang. Ich sah meine Chance und

65

verschwand aus der Küche in den Flur. Dort stand Maike, ein Bier in der Hand, und wies einem Mädel gerade den Weg zum Klo. »Geh mal besser nach oben, hier unten ist besetzt«, rief sie, und als sie mich aus der Küche kommen sah, quietschte sie: »Friiitz!« Sie rannte auf mich zu und umarmte mich ein weiteres Mal. Die Industriemusik von nebenan verwandelte sich für mich plötzlich in ein symphonisches Meisterwerk. Was war dieser Sean Paul doch für ein beispielloses Genie! Tausend Geigen umschmeichelten zusammen mit Maikes Armen sanft meinen Rücken. Von ganz weit weg hörte ich Maike in mein Ohr brüllen, nein, das war ein süßes Wispern: »Es ist so schön, dass du da bist!«

Sie ließ mich los und strahlte mich an. Ich fühlte mich wie das Vakuum beim Öffnen eines Marmeladenglases, ein Nichts zwischen zwei Welten. Hilfe. So viele Menschen. Die Musik hämmerte wieder auf mich ein.

»Ich brauch noch ein Bier!«, sagte Maike und verschwand in Richtung Küche. Das Glück mit ihr war so vergänglich, dachte ich, und doch würde ich von den zwei Umarmungen und dem Wangenkuss noch lange zehren können. Zehren *müssen*.

Denn nun klingelte es ein weiteres Mal. Babsi kam gerade wie ein Huhn mit den Armen schlagend aus der Küche getanzt und öffnete im Vorbeikommen mit dem Ellbogen die Haustür. Draußen im orangenen Licht des Türlämpchens stand, den breiten Rücken zu uns gewandt, ein Typ.

Wie in einem schlechten Film drehte er sich erst um, als Babsi die Tür vollständig geöffnet hatte. Er lächelte ein makelloses, weißzahniges Lächeln. Seine Lederjacke spannte an den gewaltigen Oberarmen. Das dichte blonde, zur Tolle hochgeföhnte Haar machte ihn noch größer, als er ohnehin schon war.

»Na, aber hallo!«, rief Babsi aus. »Wer bissen du, Schöner!?«

»Ich bin Thomas«, sagte der Kerl und brachte mich damit von einem Gefühlsextrem ins andere. Das war er also. Das Phantom hatte ein Gesicht. Zwar hatte es ein bisschen dümmlich geklungen, als er gesprochen hatte, aber ansonsten, das musste ich zugeben, war Thomas perfekt. Unverschämtheit! Außerdem musste er deutlich älter als ich sein. War das dann überhaupt gesetzlich erlaubt, dass er mit Maike geschrieben hatte? Durfte er heute Abend hier sein? Fast hätte ich ihm in meiner Überforderung die Tür vor der Nase zugeknallt. Doch da rief Maike aufgeregt aus der Küche: »Ist das der Thomas?!«, und kam mit einer überschäumenden Flasche Bier in den Flur gerannt. Sie hatte ganz rote Wangen. Als sie Thomas erblickte, machte sie ein seltsames hochfrequentes Geräusch und fiel ihm um den Hals. Eins, zwei, drei, vier, *fünf* Wangenküsse! Mir wurde schlecht. Thomas hob Maike bei der Umarmung leicht an. Scheiße, das hätte ich vorhin auch tun müssen! Wobei – hätte ich das überhaupt *gekonnt*? War ich so stark wie dieser muskelprotzende Thomas? Nein, das war ich nicht. Ich war eine absolute Lusche im Vergleich zu ihm. Aber, das konnte keiner leugnen, mich hatte die Gastgeberin bisher öfter umarmt.

»Hach, mega, dass du kommen konntest!«, sagte Maike

atemlos. Wahrscheinlich hatte Thomas während der Umarmung alle Luft aus ihr herausgequetscht. »Komm rein!«, sagte sie und führte ihn zu uns in den Flur, ich drückte mich verschüchtert an die grauenvolle Tapete.

»Geschenk geb ich dir später«, brummte Thomas lässig.

»Klar, kein Ding, willst du was trinken?«, fragte Maike ihn.

»Inner Küche gibbet au' leckere Brötchen, die hab ich selber gemacht«, funkte Babsi dazwischen und blinzelte Thomas dabei mädchenhaft an.

»Mama!«, sagte Maike genervt.

»Ich überlass'n dir nur ungerne!«, zischte Babsi ihrer Tochter zu, schlug mit der flachen Hand auf Thomas Hintern und tanzte fort in Richtung Wohnzimmer.

Fast hätte ich mich Babsi angeschlossen. Der Abend war ja eh gelaufen. Warum also sollte ich nicht zusammen mit einer Endvierzigerin hemmungslos saufen und wie ein Geflügeltier durch das absurd hässliche Wohnzimmer tanzen? Das passte doch hervorragend zu mir fünfzehnjährigem Loser-Typen.

Während Maike den schönen Thomas in die Küche führte und sämtliche anwesenden Mädels ihnen aufgeregt tuschelnd hinterhersahen, hätte ich nichts dagegen gehabt, wenn man mich jetzt, so wie zuvor befürchtet, mit Tequila abfüllte und im Pool ertrinken ließ. Das wäre ein Riesenspaß gewesen, gemessen an dem, was ich hier gerade erleiden musste. Warum konnte Thomas nicht einfach so grauenvoll aussehen wie die Einrichtung dieses Hauses? Warum musste er ein Calvin-Klein-Unterwäschemodel sein?

Eine halbe Stunde später fand ich mich mit einigen anderen draußen im Garten, wie ich verbittert ins Lagerfeuer starrte. Niemand interessierte sich hier für mich, vor allen Dingen Maike nicht. Das hatte doch alles keinen Sinn mehr. Ich beschloss, dass es für mich an der Zeit war, aufzubrechen. Nur noch mal schnell aufs Klo, die Sache duldete keinen Aufschub mehr, und dann würde ich still und heimlich verschwinden. Ich war gerade aufgestanden, da hörte ich eine Stimme rechts von mir: »Nee, und dann waren wir ja auch im Urlaub bis vor einer Woche.« Ich sah in die Richtung, aus der die Stimme gekommen war. Ein mittelalter Mann mit rotem Fusselbart und unter dem Poloshirt spannender Wampe saß da, etwa einen Meter von mir entfernt in einem Gartenstuhl, und blickte mich an. Außer uns beiden waren alle rund ums Feuer mit Konversation versorgt, er konnte also nur mit mir gesprochen haben. Was für ein seltsamer Gesprächseinstieg, dachte ich. Der Typ hatte formuliert, als wären wir gut miteinander bekannt und schon seit Stunden im Gespräch. Vielleicht hatte er sich in der ganzen Zeit, die wir hier schweigend nebeneinandersaßen, bereits super mit mir unterhalten – aber eben nur in seinem Kopf. Das wäre ja schön für ihn und auch für mich sehr bequem. Dass er aber jetzt, da ich so dringend aufs Klo musste und gerade gehen wollte, anfing, seine Hirngespinste in die Realität zu übertragen, war ungünstig. Genau genommen war es sogar richtig behämmert, jemanden mit »Nee, und« beginnend in ein Gespräch zu verwickeln. »Nee, und« – als müsste er mir in irgendwas widersprechen. *Ich* hatte doch gar nichts gesagt!

Er hatte mich doch angequatscht. Entweder war er komplett besoffen oder – viel schlimmer: Er war immer so.

»Kennen wir uns?«, fragte ich und bereute es im selben Augenblick. Ich musste zum Klo, warum nahm ich seine befremdliche Einladung an, mich hier zu verquatschen? Er lächelte. Wahrscheinlich freute er sich, dass ich ihm in die Falle gegangen war.

»Bin der Jürgen«, sagte er, »'n Freund vom Klaus, dem Papa vom Geburtstagskind.«

»Ah, ach so«, sagte ich mit gespieltem Interesse, gedanklich war ich nur bei meiner zum Bersten gefüllten Blase.

»Wohn hier in der Nachbarschaft«, erklärte Jürgen.

»Verstehe«, sagte ich.

»Weiß auch nicht, wo der Klaus abgeblieben ist.« Jürgen drehte seinen Kopf unmotiviert von rechts nach links und ließ ihn dann wieder gegen die Stuhllehne fallen. Ich konnte mir schon denken, warum Maikes Vater sich aus dem Staub gemacht hatte, Jürgen ging mir jetzt schon auf die Nerven.

»Tut mir wirklich sehr leid«, heuchelte ich, »ich muss wahnsinnig dringend zum Kl…« Doch er unterbrach mich: »Nee, jedenfalls, der Urlaub war ganz schön eigentlich. Meine Frau und ich, wir waren in der Toskana.«

Von mir aus konnten Jürgen und seine bedauernswerte Frau nach Herzenslust permanent und wo immer sie wollten urlauben. Hauptsache, der Kerl war weit, weit weg von mir und hielt mich nicht davon ab, aufs Klo zu gehen. Doch Jürgen fuhr fort: »Du darfst mich jetzt nicht für gaga halten oder so.«

Sagte er das wegen dem, was er bereits von sich gegeben hatte, oder wegen dem, was erst noch kommen würde? Wieso fragte ich mich das überhaupt? Im Grunde spielte das doch gar keine Rolle, ich *hielt* ihn ja bereits für gaga!

»Seit dem Urlaub ist mit meinem Körper nämlich was anders«, raunte Jürgen. Was würde jetzt kommen? Ich erwartete das Unspektakulärstmöglichste. War er unter der italienischen Sonne braun geworden? Hatte er sich seinen dicken Bauch erst im Urlaub angefressen?

»Ich kann Schatten fühlen und Licht hören!«, flüsterte er mit weit aufgerissenen Augen. Ich wollte laut loslachen angesichts dieser Aussage und Jürgens Gesichtsausdruck, doch wahrscheinlich hätte ich mir dabei in die Hose gepinkelt. Also hielt ich ein, oben und unten. Jürgen schien meine überspannte Gesichtsmuskulatur als »fragend« zu interpretieren, denn er begann sich zu erklären: »Das hat im Urlaub angefangen. Ich lieg im Garten, direkt unterm Olivenbaum, und da hör ich auf einmal so ein Sirren. Das war das Licht! Da kam nämlich gerade die Sonne wieder hinter 'ner Wolke hervor. Das Licht, das dann dadurch auf mich gestrahlt hat, das hab ich *gehört*!« Er überbetonte das »gehört« extrem, völlig irre, er hatte das Wort fast gesungen, mit einem Oktavsprung zwischen den Silben. Ich indes stellte mich darauf ein, nun einfach laufen zu lassen; zum Klo würde Jürgen mich heute eh nicht mehr lassen, und angesichts *seiner* Inkontinenz, der verbalen nämlich, war sich einzunässen wohl die einzig passende Reaktion.

»Und den Schatten vom Olivenbaum konnt' ich plötzlich *fühlen*!« Wieder hatte er das letzte Wort des Satzes so außerirdisch intoniert. Zu meinem Harndrang und dem Genervtsein gesellte sich langsam echte Furcht vor dem Typen.

»Das hat sich angefühlt, als würde der Baumschatten mich anfassen, wie mit Eisfingern. Ich hör auch jetzt gerade wieder das Licht vom Lagerfeuer sirren, und die Schatten der Nacht berühren mich, die liegen zentnerschwer auf mir! Deutet meiner Meinung nach alles drauf hin, dass die Theorie von der Scheibenerde wahr ist! He, wo willst du denn hin?«

Ich hatte seinen pathologischen Unsinn und meine schmerzhaft volle Blase nicht länger ertragen können und war ins Haus gerannt. Niemals würde ich in die Toskana fahren, schwor ich mir, wenn man sich dort unterm Olivenbaum solch schlimme Psychosen einfing, die einen glauben machten, man könne Licht und Schatten anders – und zwar als Belastung – wahrnehmen. Und dann das mit der Scheibenerde! Wie reizlos! Hätte der Typ nicht wenigstens einer komplexeren und weniger banalen Verschwörungstheorie anheimfallen können? Selbst wenn die Erde eine Scheibe war, dachte ich, wäre das doch wirklich scheißegal. Welche geometrische Figur sie auch haben mochte: Die Erde, auf der wir gerade lebten, war doch funktionstüchtig! Ob nun rund oder flach, dadurch würde doch in keinem der beiden Fälle jemandem ein Vorteil oder Nachteil entstehen. Bisher hatte ich nicht daran geglaubt, dass es »Flat Earther«, diese an eine flache Erde ernsthaft glaubenden Menschen, wirklich gab. Das war meine ganz individuelle Verschwörungstheorie gewesen: Solche

Irren gibt es nicht. Und jetzt hatte ich einen von ihnen getroffen. Ausgerechnet auf Maikes Geburtstagsparty. Was war hier eigentlich los? Erst Thomas, das übernatürlich gut aussehende Unterwäschemodel, und jetzt Jürgen, der hypersensible Scheibenweltler? Im Vergleich zu dem, was man heutzutage so an Verschwörungstheorien geboten bekommt, war Jürgen natürlich harmlos – was jedoch diesen Partyabend betraf, sollte sich die Begegnung mit ihm als äußerst schwerwiegend herausstellen.

Ich bin sicher nicht esoterisch, doch aus heutiger Sicht scheint es mir fast, als wäre dieser Spinner vom Schicksal geschickt worden, um mich aufzuhalten und so dafür zu sorgen, dass die nächsten Ereignisse in genau dieser Reihenfolge passierten.

Zum Glück – und zu meiner eigenen Überraschung – hatte ich mir immer noch nicht in die Hose gemacht. Das Gästeklo im Erdgeschoss war schon wieder besetzt, und so hetzte ich die Treppe rauf, zum anderen Badezimmer, wie Maike es ihrer Freundin zuvor empfohlen hatte. Oben angekommen, öffnete ich die erste verfügbare Tür. Ein angenehm kühler dunkler Raum mit großem Bett, offenbar das Elternschlafzimmer, ich schloss die Tür schnell wieder.

Auch hinter der zweiten Tür, die ich hektisch aufstieß, fand ich keine Toilette. Es war ein Jugendzimmer im Schummerlicht. In der Mitte zwei eng verschlungene Gestalten. Maike und Thomas. Sie küssten sich.

Kapitel 4

Im Jahr 2003 wurde ich eingeschult. Es ist keine leere
Floskel, wenn ich sage, dass damals der Ernst des Lebens
für mich begann. Tote Tauben, blutende Tschernobyl-
Mädchen und abgebombte Zöpfe waren im wahrsten Sinne des Wortes: Kindergarten.

Ich hatte mich sehr auf den Tag der Einschulung ge-
freut. Die Schule sei toll, hatten sowohl Mama als auch
Oma und Opa mir erzählt. Außerdem bekam ich neue
Buntstifte, verschiedenfarbige Schnellhefter und einen
Schultornister mit dem Hasen Felix darauf – durch die
Bank sehr vertrauenerweckende Vorboten.

Zu meinem Felixtornister gehörte noch ein kleines
Köfferchen im gleichen Design, in dem ich schon Wochen
vor Schulbeginn Süßigkeiten sammelte, um sie meinen
zukünftigen Mitschülern später als eine Art Begrüßungs-
geschenk anbieten zu können.

Doch daraus wurde nichts. Denn leider kam ich zusammen mit Sophie und Hannes in die erste Klasse. Die
beiden behaupteten, Zwillinge zu sein – doch daran habe
ich heute noch meine Zweifel. Sie sahen und waren sich
nicht im Entferntesten ähnlich.

Sophie war zierlich und durchtrieben, ihr Bruder Hannes war kräftig und dämlich. Das einzige Anzeichen für eine nähere Verwandtschaft der beiden war, dass sie sich so gut ergänzten und ohne Worte verstanden, besonders, wenn es darum ging, mich zu drangsalieren. Zu ihrem Opfer war ich durch eine Art Missverständnis geworden.

Sophie hatte mir gleich in der allerersten großen Pause durch ihren vorgeschickten Bruder eine Botschaft überbringen lassen. »Das da«, Hannes zeigte hinter sich, »ist meine Schwester. Sophie. Die is in dich.« Der wuchtige Zwilling sah mich erwartungsvoll, beinahe herausfordernd an. Ich hatte keine Ahnung, was er von mir wollte.

»Die is in dich« – diese Formulierung konnte ich weder verstehen, noch konnte ich etwas Sinnvolles darauf entgegnen, weshalb ich mich beschied, einfach nur mit den Achseln zu zucken. Hannes ging zu seiner Schwester, erstattete Bericht, hörte, was seine Gebieterin zu sagen hatte, nickte und kam zurück zu mir. Er sah sich kurz um, und als er sich sicher sein konnte, dass gerade kein Lehrer hinsah, schlug er wortlos seine Faust in meinen Bauch. »Die Sophie is jetzt nicht mehr in dich, die hasst dich jetzt!«, brüllte er mich an. Alle um uns herum hatten mitbekommen, was passiert war. Doch unter Hannes' einschüchternden Blicken hatte niemand großes Interesse daran, sich auf meine Seite zu stellen und mir zu helfen. Hätte ich nur schon früher meine Bonbons verteilt, dachte ich, während ich nach Luft rang und mich vor Schmerzen krümmte, dann hätte mir vielleicht doch jemand geholfen.

Sophies unverhoffte Avancen nicht sofort verstanden und erwidert zu haben war ein großer Fehler gewesen.

In den nächsten Wochen fand ich mich aufgehängt an sämtlichen Garderobenhaken wieder, eingesperrt in diverse Metallschränke oder geschleift über alle verfügbaren schulischen Bodenbeläge und Türschwellen – was Gewalttaten betraf, war der sonst so beschränkte Hannes ein Virtuose. Und auch darin, die Zeiten abzupassen, während derer gerade keine Autoritätsperson anwesend war oder hinsah.

Außerdem beriefen die symbiotischen Zwillinge regelmäßig eine Art Große-Pause-Tribunal ein, dessen Zweck es war, der gesamten Klasse immer neue Lügen über mich aufzutischen und entsprechende Strafen zu besprechen und auszuführen. Meistens hatte ich wahlweise Sophie oder Hannes großes – selbstverständlich frei erfundenes – Leid zugefügt, anderen Kindern Dinge gestohlen, die in Wahrheit durch Hannes entwendet worden waren, oder ich war »frech geworden«. So nannten Sophie und Hannes es, wenn ich anfangs noch die einzige Waffe einsetzte, die ich besaß: mein Mundwerk. Doch als ich verstanden hatte, dass ich die Zwillinge durch meine verbale Schlagfertigkeit nur noch wütender und brutaler stimmte, machte ich schließlich auch immer seltener den Mund auf.

Ohne meine Gegenrede hatte der Rest der Klasse keine andere Wahl, als die Geschichten der Zwillinge über mich zu glauben. So war ich wahlweise Täter oder Opfer, je nachdem, was gerade der undankbarste Part war.

In Stanley Kubricks Horrorfilm *Shining* wird ein kleiner Junge von einem diabolischen Kinder-Zwillingspaar heimgesucht. Als ich *Shining* einige Jahre später zum ersten Mal sah, habe ich mich so verstanden gefühlt wie zuvor nur sehr selten.

Wenn meine persönlichen Horrorzwillinge in der Stimmung waren, trugen sie die erfundenen Geschichten über meine schrecklichen Vergehen nicht nur im Rahmen ihres Tribunals in der großen Pause, sondern zu Beginn einer Unterrichtsstunde der Klassenlehrerin vor. Die Lehrerin erkannte das Spiel der Zwillinge und war stets auf meiner Seite, was die Klasse aber nur noch mehr gegen mich aufbrachte. Ich war nun der »Streber«, der »Lehrerliebling« und laut Sophie ein »blöder Scheiß-Hammel«.

Als ich meinem Opa beim nächsten gemeinsamen Werken im Keller von den Zwillingen und ihren Taten erzählte, regte er sich fürchterlich auf. »Denen würde ich gerne mal den Arsch versohlen, aber das darf man ja heutzutage nicht mehr!«, rief er aus und trat dabei wütend gegen den FCKW-Kühlschrank, den er im Keller versteckte.

Statt persönlich Hand anzulegen, präsentierte Opa mir einige Streichideen, die ich an den Horrorzwillingen ausführen sollte. Ich hatte allerdings kein Interesse daran, mir mehr Ärger als nötig mit Sophie und Hannes einzuhandeln, und ließ Opas ungemein kreative Vorschläge – Juckpulver in die Jacke streuen, Enthaarungscreme in die Mütze schmieren, Brechmittel in die Schokomilch kippen und so weiter – ungenutzt.

Mittlerweile bin ich sehr froh, dass es nie dazu kam – früher jedoch wäre ich gerne eins der unbedarften Kinder aus meiner Schule gewesen, die sich nach Unterrichtsschluss ihren Scout-Tornister über die Schulter warfen, sich auf ihr Puky-Fahrrad setzten und gemeinschaftlich in die Neubausiedlung fuhren, wo sie alle wohnten. Wie herrlich das sein musste, wenn die Anschaffung solch teurer Markenprodukte wie eines Scout-Tornisters oder eines Puky-Fahrrads kein Problem und auch keinen Diskussionsbedarf darstellte, wie toll der Gedanke, dass man sich in der direkten Nachbarschaft mit so vielen Schulkameraden treffen konnte, einfach mal zufällig, vor der Tür auf der Spielstraße.

Ich wollte auch da wohnen, in diesen Retortenhäusern der späten Neunziger, mit ihrem farblich durcheinandrigen Klinker, den digitalen Big-Ben-Türklingeltönen und den mit Muscheln, Miniaturleuchtturm und anderen maritimen Devotionalien dekorierten Gästeklos. *Hier wohnt Familie Meeresfrische.*

Im oberen Geschoss, stellte ich mir vor, hätte ich mein Zimmer, das eine riesige Sammlung von Playmobil-Sets und Bravo-Hits-CDs beherbergte, einen eigenen kleinen Fernseher mit Kabelanschluss, einen Ferbie, Playdoo-Knete, Beyblades, Hot Wheels und das ganze andere Spielzeug, das man laut der gebrüllten Super-RTL-Werbung nun mal besitzen musste.

Mein Mitschüler Lukas hatte all das. Was er jedoch nicht hatte, waren Freunde. Und das, obwohl er im Besitz jener wichtigen Statussymbole war, die dafür sorgten, dass er fürs Erste von allen hätte akzeptiert und respektiert werden können. Lukas beging nämlich den Fehler, sich darüber hinaus noch für etwas anderes als angesagtes

Spielzeug begeistern zu können: das Kochen. Er liebte es schon jetzt, im Alter von sieben Jahren, sich selbst und andere zu bekochen, sprach mit beeindruckender Wortvielfalt über Zutaten, ersann Rezepte, aß leidenschaftlich viel und gerne und verfügte auch über eine dementsprechende Leibesfülle. Zwei Fritze ergaben ungefähr einen Lukas.

Eines Tages, Lukas hatte bemerkt, dass der Rest der Klasse ihn für seine spleenige Begeisterung, seine gelebte Andersartigkeit kollektiv verachtete oder einfach verängstigt war, wandte er sich mit letzter Hoffnung an den zweiten Außenseiter in unserer Gemeinschaft: mich. Ich war froh, dass ich nicht über Playmobil sprechen musste, das ich nicht besaß, und Lukas war offenbar froh, dass er nicht über Playmobil sprechen musste, *obwohl* er es besaß. Ich hörte mir ein paar seiner Rezeptideen an und stellte fest, dass sie alle eine »Mehlschwitze« beinhalteten. Ich wusste nicht, was das sein sollte, und als er das Wort ein fünftes Mal erwähnte, fragte ich nach.

Das brachte Lukas ziemlich aus der Fassung. Zuerst hörte ich geduldig zu, ohne ihn aufzuziehen, und jetzt stellte ich sogar eine Frage zu einem von ihm erdachten Rezept? Ich war wohl ein Volltreffer! Er strahlte mich an und erklärte mir das Prinzip einer Mehlschwitze und dass er das von seiner Oma gelernt habe, die vor ein paar Wochen gestorben sei. Lukas sagte, dass er ja mal was für uns kochen könnte. Sein Vater hätte ihm im Keller des Hauses im Neubaugebiet eine Küche auf Kinder-Bedienhöhe eingerichtet. »So richtig mit Kochplatten und kleinem Kühlschrank und so!«

An diesem Nachmittag klingelte das Telefon bei uns zu Hause. Meine Mutter war schneller als ich. Schade, ich ging so gerne ans Telefon. Wenn ich zur Begrüßung meinen Namen nennen konnte und anschließend die anrufende Person ihr Anliegen vortrug oder mich ihrerseits freundlich begrüßte, fühlte ich mich stets sehr erwachsen und seriös.

»Da ist ein Lukas dran, der möchte sich mit dir verabreden, egal wann, er hat immer Zeit!« Meine Mutter reichte mir belustigt den Hörer.

»Hallo, Lukas!«

»Hallo, Fritz! Magst du Champignonrahmschnitzel?«

»Glaub schon!«

»Kannst du morgen Nachmittag nach der Schule?«

Ich wägte gedanklich ab. So oft kam es nicht vor, dass sich jemand mit mir verabreden wollte. Andererseits wusste ich nicht, ob das Thema Essen den ganzen Nachmittag über ein unterhaltsames wäre.

»Joa…«, sagte ich zögernd.

Lukas war begeistert. »Super! Ich auch!«

Ich wusste nicht recht, was ich von Lukas' Einladung halten sollte. Mein sozialer Kompass war durch die Angriffe der Horrorzwillinge gerade ziemlich gestört. Zum einen reagierte ich misstrauisch, dass nun doch mal jemand nett zu mir war und mich zu sich nach Hause einlud – zum anderen aber freute ich mich auch auf das Treffen. Denn Lukas erinnerte mich an Daniel. Daniel, der während meiner Kindergartenzeit mein bester Freund gewesen war, der ebenfalls den ganzen Tag über Essen sprach und nicht

81

nur doppelt so breit, sondern auch doppelt so groß war wie ich. Ein sanfter Riese, der immer Latzhose trug. Wenn wir zusammen auf dem Kindergartengelände unterwegs waren, sah es aus, als wäre er mein Bodyguard. Und in der Tat verhielt es sich ein bisschen so: Daniel konnte zupacken, ich gab die Anweisungen. Wir waren ein unschlagbares Freundeteam, bis wir durch die Einschulung getrennt wurden. Als ich Lukas traf, dachte ich, mit ihm würde es werden wie mit Daniel.

Und so lief ich am nächsten Tag nach der Schule einigermaßen beschwingt neben Lukas her, der sein Markenfahrrad ungelenk in Richtung Neubausiedlung schob. Die anderen Kinder hatten uns längst überholt, und während Lukas laut alle Einzelschritte seines Champignonrahmschnitzel-Rezepts durchging, das er gleich für uns in seiner Kellerkinderküche umsetzen wollte, war ich einfach voller Vorfreude, eine Zeit lang Teil dieser nach Brise OneTouch duftenden Siedlungswelt voller Thermomix-Mütter, Dienstwagen-Väter und Milchschnitten-Kinder werden zu dürfen.

Lukas' Mutter, Jeans, Bluse, kurze Föhnfrisur, öffnete uns die Tür, noch bevor wir den akkurat bepflanzten Vorgarten durchquert hatten. Sie war offenbar sehr aufgeregt.

»Da seid ihr ja! Toll! Ich hab mir schon Sorgen gemacht, weil die Sophie, der Hannes und der Jens aus eurer Klasse vorhin schon hier vorbeigefahren sind, aber klar, ihr seid natürlich gelaufen und habt ein bisschen länger gebraucht! Du musst Fritz sein, ich freu mich so sehr, dass du uns besuchen kommst!«

Sie beugte sich zu mir herunter, nahm mich fest in den Arm und küsste anschließend jeden Zentimeter von Lukas' mopsigem Gesicht ab, der es routiniert und stillschweigend über sich ergehen ließ.

»Ich bin die Claudia!«, sagte die Mutter. Natürlich hieß sie Claudia, das war mir irgendwie schon vorher klar gewesen. Alle Mütter hier hießen Claudia. Oder Sabine.

»Der Lukas hat noch nie jemanden zum Spielen mit nach Hause gebracht«, sagte Claudia, während wir uns die Schuhe auszogen und sie unsere Jacken sorgfältig an der Garderobe befestigte. »Wir dachten schon, dass er in der Klasse keinen Anschluss gefunden hat, so als Einzelkind, aber jetzt bist du da, Fritz, und alles wird schön! Super, dass ihr so gute Freunde seid!«

Dass es gar nicht unbedingt gute Freundschaft, sondern eher meine kindlich-naive Höflichkeit gewesen war, die dieses Treffen hier hatte zustande kommen lassen, war ich damals nicht in der Lage zu erklären. Genau genommen war es mir sogar egal, denn ich wollte einfach nur eintauchen in die familiäre Wohlstandswelt der Nullerjahre, die es in dieser konsequenten Durchführung bei mir zu Hause nicht gab.

Das Haus war genau so, wie ich es mir erträumt hatte. Alles an seinem Platz, klinisch sauber, wie in der Fernsehwerbung, so schön simpel und gut verständlich für ein Grundschüler-Gemüt. Hier fühlte ich mich vorerst sehr wohl. Vorerst.

»Das Essen ist schon fertig, ihr braucht euch nur noch an den Tisch zu setzen«, strahlte Claudia uns an. »Alles ist gedeckt, es gibt Spaghetti Bolognese, und zum Nachtisch hab ich Eis gekauft und diese furchtbar süße Schoko-soß...«

Doch weiter kam Claudia nicht. Lukas schrie sie an: »Was?! Du hast was gekocht? *Ich* wollte doch was kochen! Ich habe mir ein Rezept ausgesucht für meine Küche! Du Kackwurst!«

Ich hatte mich sehr erschrocken, als Lukas plötzlich so laut geworden war – natürlich, das war ärgerlich, er hatte sich ja sehr gefreut, mir seine Kochkünste und seine Spezialküche im Keller vorzuführen –, aber dass er seine Mutter jetzt »Kackwurst« nannte, fand ich unglaublich. Ich konnte mir nicht helfen, ich musste schallend darüber lachen, verstummte aber sofort wieder, als das Schamgefühl sich aufschaltete.

Claudia oblag es nun, zu deeskalieren. Sie war dieses Verhalten von ihrem einzigen Kind anscheinend bereits gewohnt. »Das tut mir leid, das hatte ich vergessen, mein Schatz! Klar, du wolltest was kochen, ja, stimmt!«

»Ja!«, schrie Lukas nun mit Tränen in den Augen. Claudia sah ihn mitleidig an.

»Nächstes Mal. Der Fritz kommt bald noch mal wieder, okay?«

Lukas schniefte ein paarmal, zuckte dann mit den Achseln und ließ sich auf einen der Stühle am Esstisch fallen. »Dann mach jetzt halt was auf den Teller!«, bölkte er seine Mutter an. Sie tat, wie ihr geheißen.

Ich nahm es derweil hin, wie zu Lukas' Beschwichtigung einfach über meinen Kopf hinweg entschieden wurde, dass ich noch mal vorbeikommen würde. Zu eingeschüchtert war ich von der vorangegangenen Situation, zu hungrig war ich nach einem anstrengenden Schultag und der Vorfreude auf die Vorzüge des Neubaugebiets.

Die Spaghetti schmeckten mir fabelhaft, Claudia freute sich über meinen Appetit und fragte mich, womit ich gerne spielte, was meine Hobbys waren, wo meine Familie wohnte. Lukas, der mich dergleichen nie gefragt hatte, verschlang währenddessen, schmatzend und ansonsten still, mehrere Portionen des von seiner Mutter gekochten Essens, freudlos und in beeindruckender Geschwindigkeit. Am Ende schmiss er sein Besteck auf den Teller und funkelte seine Mutter böse an.

»Jetzt hast du wieder ganz schön gestopft!«, mahnte die Mutter. Stille. Lukas' Funkeln verwandelte sich in ein leeres Starren. Für Claudia schien diese mimische Veränderung ein schlimmes Zeichen zu sein, denn plötzlich stieß sie aus: »Nein, bitte nicht!«

Während ich mich ängstlich fragte, was nun passieren würde und warum die Mutter so verzweifelt klang, starrte Lukas noch ein paar Sekunden, öffnete dann seinen Mund, rülpste zuerst leise und kotzte schließlich, ohne auch nur mit der Wimper zu zucken, mit voller Wucht auf den Tisch. Als er fertig war und sich den Mund an der Tischdecke abgewischt hatte, sagte er zu seiner erstarrten Mutter: »Dein Essen war ekelig! Dafür darf der Fritz heute bei uns übernachten!«

85

Ob ich beim offensichtlich verrückten Lukas übernachten wollte, stand überhaupt nicht zur Debatte. Nach einer Säuberungsaktion des Tischs und diverser Kleidungsstücke der am Essen Beteiligten rief Claudia unter großem Hallo meine Mutter an, stellte sich vor, vereinbarte eine Übernachtung, es sei ja schließlich Freitag heute, und überhaupt wäre ja alles Nötige im Haus, Schlafanzug, Bettzeug, Zahnbürste, und schon war ich Lukas' und Claudias Gefangener. Festgesetzt im vermeintlichen Paradies. Plötzlich die Kehrseite dieser Welt voller Annehmlichkeiten und vordergründiger Sauberkeit zu erkennen, schockierte mich.

Lukas führte mir seine Spezialküche vor, er kochte für sich allein das Champignonrahmschnitzel, sein Magen war ja nun wieder leer.

Die kleine Küche war wirklich beeindruckend, genau wie die Tatsache, dass ein siebenjähriger Junge so kochen konnte – und dann auch noch ohne elterliche Aufsicht im Keller. Während ich das hier erzähle, frage ich mich selbst, ob ich es tatsächlich erlebt oder nur geträumt habe. Aber, doch, das muss wirklich passiert sein, dass Lukas mir zwischen zwei Bissen Rahmschnitzel erzählte, sein Vater hätte ihm erklärt, wie der Feuerlöscher funktioniere, und einen Rauchmelder installiert, also könne er, Lukas, hier ruhig alleine »wuseln«.

Als er seine Portion aufgegessen hatte, legte er das Besteck beiseite und fing wieder an zu starren. Er fixierte seinen leeren Teller mit noch leereren Augen.

»Bitte nicht wieder kotzen«, flehte ich mit leiser Stimme.

»Ich muss nicht kotzen«, sagte Lukas, den Blick weiterhin unverändert auf den Teller gerichtet.

»Ich muss nur gerade an meine Oma denken. Ich glaube, ich habe die umgebracht.«

Nun bekam ich richtig Schiss. Alle vorherigen Ereignisse hätte man ja durchaus noch als »grotesk« oder »besonders« bezeichnen können, aber jetzt wurde es einfach nur gruselig.

»Wie?«, fragte ich tonlos. In meinem siebenjährigen Kopf drehte sich alles. Ich hatte mich gedanklich auf dieses durchstrukturierte Speckgürteluniversum eingeschossen, hatte hier auf Recht und Ordnung gehofft und war nicht bereit für irre Wendungen wie diese. Eine vom Enkel getötete Oma hatte in dieser meisterproperblanken Einfamilienhausidylle einfach nichts verloren. Eine vom Enkel getötete Oma hatte *nirgendwo* etwas verloren.

»Wie meinst du denn das?«, fragte ich Lukas, der nun aufblickte und mich fixierte. Das machte die Situation nur noch unheimlicher. Wie der mich anguckte!

»Ich glaube, ich habe meine Großmutter getötet.« Lukas klang, als hätte er zu viele Krimis geguckt. Seinem Alter überhaupt nicht angemessen und ein bisschen auswendig gelernt. Diese Art, sich auszudrücken, war mir durchaus vertraut. Schließlich durfte ich regelmäßig länger aufbleiben, um zusammen mit meiner Mutter »Adelheid und ihre Mörder« mit der von mir schon damals sehr verehrten Evelyn Hamann zu gucken, und ich entlieh den Dialogen häufig selbst etwas für meinen Alltag. Vor allem im Gespräch mit Lehrern gefiel ich mir dann gut:

»Fritz, hast du deine Hausaufgaben gemacht?«

»Ich fürchte, Frau Ballhaus, darüber kann ich Ihnen während der laufenden Ermittlungen keine Auskunft geben.«

In der Serie, aus der ich so gern zitierte, gab es zwar eine raue Menge toter alter Frauen, die von einem Familienmitglied, meistens aus Habgier, umgebracht worden waren. Aber keiner von Adelheids Mördern war ein siebenjähriger Hobbykoch.

»Ich habe für die Oma was gekocht …«, setzte Lukas zu seinem Geständnis an und klang nun wieder einigermaßen wie ein Kind, »… und dann hat die das gegessen und gesagt, dass es gut schmeckt, und am Abend ist sie gestorben. Das war bestimmt ich mit meinem Essen!«

Ich war erleichtert, dass Lukas sich gar nicht vollständig sicher war, für den Tod seiner Oma verantwortlich zu sein. Jedenfalls hatte er sie nicht, wie ich es aus dem Fernsehen kannte, erdrosselt, erstickt oder mit einem scharfkantigen Gegenstand erschlagen. Trotzdem war mir von nun an nichts an diesem Jungen mehr geheuer. Das wollte ich Lukas aber nicht merken lassen. Ich wollte ihn nicht verärgern, vor allen Dingen nicht, wenn ich mit ihm allein in einem Kellerraum war. Deshalb sagte ich: »Vielleicht ist sie einfach an Altersschwäche gestorben.«

Altersschwäche, hatte mir meine Mutter beigebracht, war nichts Schlimmes, das sei einfach so, dass Omas und Opas daran stürben, wenn keine andere Krankheit es schaffte, sie vorzeitig dahinzuraffen.

»Nein, ich bin mir sicher, dass es mein Essen war!«, sagte Lukas laut und bestimmt. Bei seinem Blick wagte ich nicht zu widersprechen. »Aber sag nichts zu meiner Mutter! Der habe ich es noch nicht erzählt!« Einen Teufel würde ich tun.

Rückblickend übrigens ist es gar nicht so unwahrscheinlich, dass Lukas seine Oma wirklich umgebracht hat. Zumindest indirekt. Bei seiner großzügigen Butterküche mit Mehlschwitze und vitaminfeindlichen Garzeiten kann es gut sein, dass er dem Cholesterinspiegel seiner Oma damals den Rest gegeben hat.

Es klopfte an der Kellertür. Claudia reichte das vorhin angekündigte Eis und erklärte gut gelaunt, dass wir gleich, zur Feier des Tages, zur Videothek fahren würden und sich jeder einen Film aussuchen könne, der dann heute Abend geguckt würde.

»Und ihr dürft so lange aufbleiben, wie ihr wollt!«, verkündete Claudia. »Ach, ich freu mich einfach so, dass du da bist, Fritz! Und der Lukas freut sich auch!«

Lukas freute sich gerade in erster Linie über seine Portion Eis – und ob Claudia sich wirklich über meine Anwesenheit freute oder vielleicht eher darüber, dass ihr Sohn mit einem nach Hause gebrachten »Freund« endlich so etwas wie normales Grundschulkind-Verhalten zeigte, da war ich mir nicht sicher.

In der Videothek angekommen, bemühte ich mich, nicht zu auffällig in den obskuren Bereich mit den Erwachsenenfilmen zu lugen, der war schließlich verboten – erst ab achtzehn – und damit zugleich hochinteressant, nackte Menschen auf allen Covern. Ich entschied mich eilends für den gerade auf VHS-Kassette erschienenen Pixar-Film »Findet Nemo«, während Lukas ein paar Regale weiter nicht wusste, ob er lieber »Chucky, die Mörderpuppe« oder »Friedhof der Kuscheltiere« ausleihen sollte. Ich lief mit meinem Nemo-Video hin, und auch Claudia kam mit einem Julia-Roberts-Film aus dem Reich der romantischen Komödien auf uns zu. Ich fürchtete mich schon vor dem, was passieren würde, wenn Claudia ihrem Sohn diese Horrorfilme auszureden versuchte.

»Toll!«, sagte sie mit Blick auf meine Wahl. »Das sind aber schöne bunte Fische! Und du, Lukas-Schatz, was willst du ausleihen?«

Lukas zeigte ihr die beiden Videos. Ich machte mich darauf gefasst, dass er gleich die Videothek zusammen-schreien würde, sobald Claudia ihm gesagt hatte, dass er für das Horrorgenre vielleicht noch etwas zu jung war. Doch die Mutter runzelte nur ihre Stirn und beäugte die Cover etwas näher. Schon von Weitem hätte sie das blaue FSK-16-Emblem erkennen können, das war es also nicht, was sie bei der genaueren Betrachtung interessierte.

»Na ja, also, diese Puppe sieht ja vielleicht gemein aus! Die lassen wir mal lieber hier, Luki, hm? Aber das mit den Kuscheltieren, das klingt doch nett! Das passt ja auch zu Fritz' Film mit den süßen Fischen!«

Ich konnte es nicht fassen. Die FSK-16-Angabe hatte Claudia genauso wenig beachtet wie die Tatsache, dass auf dem Cover von »Friedhof der Kuscheltiere« erstens das Wort »Friedhof« geschrieben stand und zweitens eine Katze mit rot leuchtenden Augen abgebildet war.

Und so ging Claudia gut gelaunt mit unseren zwei »Tierfilmen« und ihrer eigenen Auswahl zur Kasse, zückte die Mitgliedskarte und lieh alles aus.

Am Abend, ich hatte einen von Lukas' Schlafanzügen an, der mir deutlich zu groß war, aber angenehm nach teurem Waschmittel roch, saßen wir im Kinderzimmer vor einem reichhaltigen Snack-Konvolut, das Claudia auf einem niedrigen Ikea-Kindertisch aus hellgrünem Plastik geparkt hatte. Lukas' Röhrenfernseher zeigte den von mir ausgewählten Animationsfilm, ich amüsierte mich sehr, Lukas hingegen war eher gelangweilt und spielte parallel an seinem Game Boy Advance. Zwischendurch kam Lukas' spät von der Arbeit in irgendeiner Bank heimgekehrter Vater ins Zimmer, stellte sich mir kurz vor, wünschte uns eine gute Nacht und verschwand wieder.

Als die Anemonenfische sich wiedergefunden hatten und der Abspann lief, sah Lukas schmatzend und stöhnend auf, als wäre er gerade aus einem Dämmerschlaf erwacht. Er ging über meine Luftmatratze stampfend und mich dadurch mehrmals in die Höhe schleudernd zum Videorekorder und wechselte die Kassette mit den süßen Fischen gegen die mit den Kuscheltieren aus.

Was nun folgte, schien Lukas endlich seiner vollen Aufmerksamkeit wert zu sein. Kein einziges Mal fasste er den Game Boy an, während »Friedhof der Kuscheltiere« lief. Genau genommen bewegte sich Lukas von nun an überhaupt nicht mehr. Paralysiert verfolgte er die Handlung, dabei unentwegt leicht lächelnd, wie ich im blauen Licht des Fernsehers im ansonsten dunklen Zimmer erkennen konnte.

Während der heitere Kinderfilm eine schöne Ablenkung von den schrägen Ereignissen des Tages dargestellt hatte, kam dank Stephen King nun alles wieder hoch, in einem Raum mit dem Jungen, der irrationale cholerische Anfälle bekam und der außerdem fest davon überzeugt war, seine Großmutter getötet zu haben. Dazu dieser für unser Alter völlig unangemessene Film, den Lukas seinem Gesichtsausdruck zufolge auch noch genoss und den seine Mutter uns ohne Weiteres mit ins Kinderzimmer gelegt hatte, gepaart mit den Unmengen an aufputschender Cola, die mir hier zu trinken ausdrücklich erlaubt war – was ich natürlich in Anspruch nahm, da ich zu Hause doch höchstens mit Direktsäften rechnen konnte. Ich war wie auf Droge und komplett psycho von allen Einflüssen der letzten Stunden. Ich durchlitt Höllenqualen.

Als der Film zu Ende war – Claudia und ihr Mann hatten uns, sie meinten es wohl gut, einfach aufbleiben lassen und waren bereits ins Bett gegangen –, schlief Lukas schnarchend und in Rekordgeschwindigkeit ein. Ich hingegen tat die ganze Nacht kein Auge zu, dachte an überfahrene Kinder und Tiere, daran, dass ich auch mal sterben musste, irgendwann, und Mama auch und dass ich das miterleben würde. In der stillen Dunkelheit rührte ich mich keinen Millimeter, aus Angst, ich könnte Lukas durch eine Geräuschemission aufwecken und so seine Wut auf mich ziehen. Ich wollte vermeiden, dass es mir erging wie seiner Oma: Tod durch Mehlschwitze.

Es war das erste und letzte Mal, dass ich mich mit Lukas verabredete. Immer wenn ich in gutbürgerlichen Restaurants sitze und die Speisekarte lese, muss ich an ihn denken und frage mich dann, was er wohl heute macht. Und ich bin sehr froh, dass ich zwar nie in der Neubausiedlung gewohnt habe, dafür aber eine gute Erziehung genießen durfte.

———

In meiner Heimatstadt gibt es diese Gegend mit den Plattenbauten aus Waschbeton. Dort leben genauso viele Katzen wie Menschen. Sie alle haben einen Lieblingsort: die Fensterbank zur Straße raus. Könnten die Katzen rauchen, sie würden es den Menschen gleichtun. Geklaute Einkaufswagen und überquellende Müllcontainer stehen vor den Häusern, an der Straße parken dubiose Protzkarren und stilechte Schrottmühlen.

Melissa Kloth kam von dort. Sie ging in meine Grundschulklasse, und ich fand sie hochinteressant. Sie bewegte sich viel gröber und roher, direkter und frecher als die anderen Mädchen mit ihren Prinzessinnen-Haarspangen und Pferde-Etuis. Und Melissa drückte sich so markant aus. Ihre Grammatik war eine andere als die, die bei uns zu Hause gesprochen wurde, bei ihr gab es nur den Dativ, sie kannte schon Begriffe wie »bumsen« oder »blasen« und lispelte dabei sehr selbstbewusst. Sie roch nach dem günstigen Weichspüler, latent auch nach altem Urin und nach Aschenbecher. Das alles war so abstoßend, so fremd, dass es mich schon wieder interessierte und sogar anzog. Was die sich gegenüber Erwachsenen traute! Wie schlagfertig sie ganz allgemein war! Wie egal ihr schulische Leistungen waren! Diese Lässigkeit würde und habe ich nie an den Tag legen können.

Die einen Mitschüler nahmen Melissa einfach so hin, die anderen wiederum sahen sie als gefährliche Außenseiterin.

Als unsere Klassenlehrerin Frau Fiege sie eines Tages im vierten Grundschuljahr ermahnte, sie möge sich bitte nicht mit ihrer Sitznachbarin unterhalten und außerdem das Kaugummi ausspucken, brannte bei Melissa eine Sicherung durch. Sie war schon häufiger ausgeflippt, das kannten wir anderen, doch heute ging sie einen Schritt zu weit.

»Von 'ner Missgeburt wie dir lass ich mir gar nichts sagen!«, brüllte sie in Richtung der Lehrerin.

Alle Kinder im Klassenraum sogen erschrocken die verbrauchte Luft ein. Das konnte Melissa unmöglich wirklich gesagt haben. In mir machte sich einmal mehr eine Gefühlsmischung, bestehend aus Abscheu und Faszination, breit.

Frau Fiege zeigte sich unbeeindruckt. Sie war eine patente ältere Dame, die in ihrer langen Dienstzeit wohl schon alles erlebt hatte. So auch Entgleisungen wie diese, die für uns anderen Kinder, jung und unschuldig, bis gerade eben noch undenkbar gewesen waren. Frau Fiege sah Melissa ein paar Sekunden lang an, die Augenbrauen hochgezogen, und fragte dann: »Weißt du überhaupt, was eine Missgeburt ist, Melissa?«

Das Mädchen schien nicht damit gerechnet zu haben, eine so ruhige und besonnene Reaktion zu ernten, geschweige denn eine ernst gemeinte Frage gestellt zu bekommen. Zum ersten Mal, seit ich sie kannte, erlebte ich sie eingeschüchtert. Sie blickte an sich hinab und nestelte an ihrem zerschlissenen Schlampermäppchen herum. Dann antwortete sie leise: »Ja, weiß ich …«

»Und?«, fragte Frau Fiege. »Wir sind sehr gespannt!«

»Ja, keine Ahnung, wie ich das beschreiben soll!«, brauste Melissa wieder auf.

»Probier's halt«, sagte Frau Fiege streng.

Melissa schnalzte genervt mit der Zunge und stöhnte. Dann sagte sie: »Ja, ey, dem Fritz seine Schwester, das ist 'ne Missgeburt!«

Wieder kollektives Keuchen der Mitschüler. Nur Sophie und Hannes mussten ihr Kichern unterdrücken.

»Was'n?«, fragte Melissa angriffslustig an die ganze Klasse gewandt. »Das hab ich gesehen, als dem Fritz seine Mudder und dem seine Schwester ihm von der Schule abgeholt haben!«

Diesmal verlor auch Frau Fiege die Fassung. »Dafür entschuldigst du dich sofort!«, zischte sie wütend.

»Bei wem jetzt? Bei dir, beim Fritz oder bei dem seine Schwester?«

Darauf schien Frau Fiege vorerst keine Antwort zu haben. Ihr Mund stand offen, die Zunge formte stumm Worte. Schließlich schaffte sie es, diesen seltsamen Trockenübungen wieder eine Stimme zu geben. »Melissa, du kommst bitte am Ende der Stunde zu mir. Und Fritz, du auch.«

Ich auch? Ich hatte doch gar nichts getan! Was konnte ich denn dafür, dass Melissa meine Schwester für eine Missgeburt hielt? Hatte sie damit nicht vielleicht sogar recht? Was genau war denn eine Missgeburt? Das hatte Frau Fiege jetzt gar nicht aufgelöst.

Am Ende der Stunde trat ich sofort an ihr Pult.

»Keine Angst, du wirst nicht bestraft oder so«, sagte Frau Fiege, als sie mich und mein ängstliches Gesicht bemerkte. »Ich will nur in Ruhe mit dir und Melissa über das reden, was gerade passiert ist. Da müssen nicht alle anderen Kinder zuhören, verstehst du?« Ich nickte. Es wäre ein gefundenes Fressen für die Horrorzwillinge gewesen, das wusste auch Frau Fiege.

Melissa kam auf uns zugetrottet.

»Was is?«, fragte sie genervt und sah dabei aus dem Fenster.

»Du glaubst doch wohl nicht, dass ich dich trotz dieses Verhaltens ungestraft davonkommen lasse, oder?«, fragte die Lehrerin.

Melissa atmete theatralisch ein und verdrehte die Augen. »Nee, glaub ich nicht.«

»Du wirst zur Strafe die nächsten drei Wochen den Tafeldienst übernehmen und den anderen Kindern jeden Morgen ihre Tuffi-Milch zum Platz bringen.«

»Okay.« Melissa schien etwas in dieser Art schon erwartet zu haben; sie zuckte mit den Schultern und wandte sich zum Gehen.

»Ich bin noch nicht fertig«, sagte Frau Fiege mit schneidender Stimme.

»Was'n noch?«

»Du siehst ja, dass Fritz hier auch noch steht, oder?«

»Ja.«

»Und was fällt dir dazu ein?«

Melissas Augen blitzten kurz zu mir herüber.

»'tschuldigung, Fritz«, nuschelte sie.

Ehe ich auf diese Lustlosigkeit von Entschuldigung eingehen konnte, sagte Frau Fiege: »Ja, eine Entschuldigung ist ein Anfang, aber ich habe Fritz vor allen Dingen hierhergeholt, weil ich möchte, dass du dich mit ihm verabredest.«

»Hä?« Melissa zog ihre Oberlippe schräg nach oben und runzelte die Stirn. Ich verstand auch nicht, was das sollte.

»Ich möchte, dass du zu Fritz nach Hause gehst und Zeit mit ihm und seiner Schwester verbringst. Noch diese Woche. Und dann will ich, dass du einen Aufsatz über dieses Erlebnis schreibst.«

»Boah, warum, ey?« Melissa stampfte wütend mit dem Fuß auf.

»Der Fritz steht hier und wartet darauf, dass du einen Termin mit ihm ausmachst!«

Da irrte sich Frau Fiege aber gewaltig. Ich stand nur deshalb dort, weil sie mich dazu angewiesen hatte. Es lag mir fern, mich nachmittags mit Melissa zu verabreden. Es reichte mir völlig aus, dass sie mit ihrer Eigentümlichkeit meinen Schulalltag interessanter machte, nicht meine Zeit zu Hause. Außerdem fand ich es unglaublich, dass Frau Fiege Melissa offenbar durch ein Treffen mit Martha und mir bestrafen wollte. Dafür, dass Melissa das Wort Missgeburt benutzt hatte, musste sie nun als Sanktion eine echte Missgeburt und ihren Bruder besuchen gehen, oder was? Und offenbar hatte ja auch erst dieser Teil der Strafe Melissa richtig wütend gemacht.

War es wirklich so schlimm, sich mit Martha und mir treffen zu müssen? Mich störte einfach alles an der hilflos anmutenden Lösungsidee der Lehrerin und Melissas Reaktion darauf.

»Ich kann am Donnerstag«, sagte Melissa mit einigem Unwillen. Und da es mir vorkam, als hätte ich keine andere Wahl, sagte ich: »Ich auch.«

So laut wie am darauffolgenden Donnerstag war es bei uns zu Hause lange nicht mehr gewesen. Dass es mit Melissa außerhalb der Schule noch hemmungsloser werden würde als gewohnt, hatte ich mir bereits gedacht – und Martha und Mama entsprechend vorgewarnt. Dass es aber diese Ausmaße annehmen würde; dass ich mich selbst von Melissas Wildheit so würde mitreißen lassen, das wäre für mich vor diesem Donnerstag undenkbar gewesen. Unsere Mutter hatte zuvor große pädagogische Mängel an der ganzen Aktion gesehen. Durch ihr großes Herz für verhaltensauffällige Kinder und ihre Gastfreundlichkeit war es ihr aber gelungen, die fragwürdige Anordnung der Lehrerin zuzulassen und Melissa ein herzliches Willkommen zu bereiten. Nun sah sie halb belustigt, halb verängstigt zu, wie Martha und ich, aufgepeitscht durch Melissa, unsere Zimmer in Chaos stürzten, durch sämtliche anderen

Räume jagten und sie verwüstet hinterließen und dabei riefen und schrien, fauchten und jauchzten.

Martha freute sich über Melissas vollkommene Egalhaltung gegenüber ihrer Behinderung, wie auch immer man diese nun richtig bezeichnete – Missgeburt, Frühgeburt, Spasti, Mongo oder Behindi. Das war ja auch wirklich komplett egal, solange Melissa sich weiterhin so rücksichtslos verhielt und meine Schwester wie einen normalen Menschen behandelte. Dieses trotz der Anwesenheit einer behinderten Person ungedrosselte Tempo hatte etwas Heilsames, etwas Ansteckendes. Bald adaptierten Martha und ich auch Melissas eigenwillige Grammatik: »Komm, wir gehen in der Martha ihr Zimmer rein!«

Melissa gab alles vor, wir brauchten nur noch zu reagieren. Solange man ihre Anarchie bediente, hatte man nichts zu befürchten, mehr noch: Mit ihrem Wohlwollen konnte man richtig die Puppen tanzen lassen.

Melissa hatte sich an meiner Verkleidungskiste bedient, zwei Perücken übereinander aufgesetzt, eine gelockte brünette und eine kurze rote, und dazu den Mantel meines Vampirkostüms angezogen. Sie sah dadurch aus wie eine aristokratische Mischung aus Pumuckl und Medusa. Auf dem CD-Player hatte sie das hochgepitchte Techno-Album der Schlümpfe laut aufgedreht. Zu dieser abgefahrenen Musik und in diesem seltsamen Aufzug nahm sie nun auf Marthas Schaukelpferd Platz und bewegte sich wie eine Rodeo-Reiterin, erst ganz langsam und nach und nach immer schneller. Dabei schleuderte sie ihre verschiedenen abseitigen Duftmarken durch den Raum.

Zum Abendessen gab es Fischstäbchen mit Spinat und Bratkartoffeln. Melissa inhalierte ihr Essen förmlich, binnen einer Minute war ihr von meiner Mutter großzügig beladener Teller leer gegessen.

»Boah, das hast du richtig lecker gekocht!«, rief Melissa an Mama gewandt aus, stand vom Tisch auf, schnappte sich ihre fleckige Schultasche und sagte: »Jetzt muss ich aber los, sonst ist die Schreierei wieder groß zu Hause. Tschüss.«

»Äh, tschüss …«, sagte meine Mutter verwundert, auch Martha und ich ließen mit vollem Mund etwas in dieser Richtung verlauten. Melissa hatte sich bereits umgedreht und war aus dem Raum gegangen. Während wir drei uns stirnrunzelnd ansahen, hörten wir, wie die Wohnungstür geöffnet und Sekunden darauf wieder geschlossen wurde. Die wundersame Melissa war fort – und die nun folgende abendliche Stille war erdrückend.

Am nächsten Montagmorgen gab Melissa ihren Aufsatz über den Besuch bei uns zu Hause bei Frau Fiege ab. Nachdem die Lehrerin ihn kurz überflogen hatte, lächelte sie Melissa milde an.

»Würdest du den laut vor der Klasse vorlesen?«

Melissa stöhnte und rollte mit den Augen.

»Ich finde ihn wirklich gut«, fügte Frau Fiege aufmunternd hinzu.

Melissa sah die Lehrerin argwöhnisch an. Noch nie hatte sie eine Aufgabe derart zufriedenstellend erledigt, dass die ganze Klasse davon hätte profitieren können.

Das mochte auch daran liegen, dass sie überhaupt nur sehr selten ihre Schulaufgaben erledigte. Frau Fiege hielt dem misstrauischen Blick lächelnd stand. Die Klasse indes schwieg gespannt. Schließlich seufzte Melissa ungewohnt mädchenhaft, räusperte sich und begann zu lesen:

»Dem Fritz seine Schwester ist keine Missgeburt, sondern eine Frühgeburt, weil sie zu früh geboren ist. Das passiert manchmal, und dann sind die Kinder vielleicht behindert, vielleicht aber auch nicht. Dem Fritz seine Schwester heißt Martha, und sie hat eine Behinderung an der ihre Beine. Aber mit ihr kann man ganz normal sprechen oder spielen. Wir haben die Schlümpfe auf CD gehört, und ich habe der Martha ihr Schaukelpferd geritten. Das sieht aus wie ein Zebra. Der Fritz hat eine Kiste mit ganz vielen Haaren drin und Kostümen. Die Mama bei Fritz und dem seine Schwester zu Hause ist sehr nett. Und sie hat Fischstäbchen gemacht. Die habe ich alle aufgegessen. Ich glaube, ich gehe bald mal wieder zu Fritz und dem seine Schwester Martha nach Hause, weil dort ist es sehr schön.«

Sosehr ich mir anfangs noch gewünscht hatte, neubauverwöhnt wie Lukas oder plattenbauwild wie Melissa zu sein, so sehr beglückte es mich nach den Treffen mit meinen beiden Mitschülern, dass ich war, wer ich war, der siebenjährige Fritz; dass ich wohnte, wo ich wohnte, in der kleinen Wohnung im zweiten Stock des Mehrfamilienhauses; dass ich lieb gehabt wurde, von Mama, Martha und meinen Großeltern.

Kapitel 5

Der Tag nach Maikes Party. Ich hatte fast gar nicht geschlafen und mich stattdessen wild in meinem Bett gewälzt. Zu aufgepeitscht war ich von den Ereignissen des letzten Abends gewesen. Das Bild von Maike und Thomas, eng umschlungen und sich leidenschaftlich küssend, war in meine Netzhaut eingebrannt. Abwechslung bot nur, mich an die unappetitlichen Wurstbrötchen oder die tanzende Babsi zu erinnern – und das war wenig besser.

Beim Frühstück fragte mich meine Mutter, wie »der Maike denn gestern die Blume gefallen« habe. Am liebsten hätte ich geweint. Oder geschrien. Oder gekotzt. Doch ich lächelte, ich *strahlte*, und sagte: »Sie hat sich sehr gefreut!« Meine Mutter schien zufrieden. Ich war beruhigt, dass ich nichts weiter von der Party berichten musste, und versank wieder in schlechten Gedanken und schlimmen Erinnerungen.

Eine halbe Stunde später, in meinem Zimmer, ließ ich mich aufs Bett fallen und rechnete fest damit, dass ich nun endlich losheulen würde. Doch da kam nichts. Die Traurigkeit blieb mir auf halbem Weg im Hals stecken und verblieb dort als latenter Schmerz. Vielleicht war ich zu müde von der letzten Nacht, vielleicht auch einfach zu ge-

103

schockt, um noch große Emotionen zulassen zu können. Lieber speicherte mein Körper sie für einen späteren Verarbeitungszeitpunkt in meinem Hals.

All meine Überlegungen, meine Interpretationen, meine Hoffnungen – sie mussten falsch gewesen sein. Wie konnte ich mich so geirrt haben? Nie wieder würde ich derart leichtsinnig sein und mich verlieben. Gerade in Anbetracht der Tatsache, dass das Ganze eine so tragische Wendung nehmen konnte wie in der vergangenen Nacht.

Ich holte mein Handy aus der Hosentasche. Ich wollte mir eine alte *Drei-Fragezeichen*-Folge anmachen, eine aus meiner Kindheit, die ich bereits mitsprechen konnte. Auf diese Weise, hoffte ich, würde ich heute keine böse Überraschung mehr erleben, ich würde wissen, wie die Geschichte ausging, und womöglich würde ich mit dieser entspannten Gewissheit sogar noch ein bisschen Schlaf nachholen können.

Doch als ich auf mein Handy sah, bemerkte ich zwei neue Nachrichten. Von Maike. Oh nein.

Die erste: ›Hey du! Du warst gestern so schnell weg wollte dir noch Tschüss sagen aber meine Mutter meinte du wärst schon rausgerannt xD‹

Das stimmte. Als ich Maike und Thomas beim Küssen überrascht hatte, war ich nach kurzem, wortlosem Starren einfach weggerannt. Die Treppe runter, aus der Haustür, vorbei an Babsi, direkt zu meinem Fahrrad. An der nächsten Straßenecke hatte ich mich endlich erleichtern können.

Ich las Maikes zweite Nachricht: ›Na ja aber danke noch

mal für die tollen Geschenke echt super süß von dir!! Das Buch mit unseren Kritzeleien aus Latein ist der Hammer :DDDDD Und den Picknickgutschein will ich auch direkt einlösen solange noch Sommer ist!!!‹

Fast war ich versucht, sauer auf Maike zu sein. Was bildete die sich eigentlich ein, jemand anderen zu küssen als mich, der ich doch so sehr in sie verliebt war, wie kein anderer es jemals sein würde? Und was dachte sie sich, mir anschließend diese netten Nachrichten hier zu schicken und mich wieder komplett um den Finger zu wickeln?

Denn in der Tat war ich gegen ihren Charme machtlos. Nach ein paar Sekunden des Nachdenkens entschied ich deshalb, dass Maike keine Schuld traf. Sie konnte ja nichts dafür, dass ich mich unsterblich in sie verliebt hatte. Schuld war einzig und allein Thomas! Maike musste auf seine lederjackige Schönlingsmasche hereingefallen sein, weil sie so ein offener und herzensguter Mensch war. Wahrscheinlich hatte *er* sogar *sie* geküsst; womöglich war das gar nicht in beiderseitigem Einvernehmen passiert! Ich hatte höchstwahrscheinlich einem Verbrechen beigewohnt!

Ich würde Maike vor Thomas retten müssen. Eine Strategie musste her. Ja, ich war fest davon überzeugt, dass ich mit Rationalität und Logik gegen das ankommen könnte, was offenbar zwischen Maike und Thomas war.

›Dann nächsten Samstag Picknick?‹, schrieb ich Maike zurück. Maike antwortete mir sofort. Sie war daueronline, klar, vermutlich hatte Thomas sie gerade wieder in seinen digitalen Fängen. Und doch nahm sie sich direkt Zeit, mir zu schreiben. Wir waren wieder auf Kurs.

›Ja gerne bis auf den Abend kann ich am Samstag!‹

Sehr gut. Der nächste Samstag in ihrem Leben war für mich reserviert. Das machte die Erlebnisse auf der Party fürs Erste vergessen. Ich hatte etwas, auf das ich mich freuen konnte. Ein Fünkchen neue Hoffnung.

In den darauffolgenden Tagen musste ich während der Lateinstunden wieder mit ansehen, wie Maike unter dem Tisch mit Thomas schrieb. Allerdings half es mir, an die Picknick-Verabredung am kommenden Samstag zu denken. Da würde ich Maike nur für mich haben und sie, soweit meine Strategie, endlich davon überzeugen, dass ich der Richtige und Thomas der Falsche war. Ich schrieb ihr ein Zettelchen. Sie sah auf, öffnete es und las. Strike!

›Samstag dann 14:00 Uhr im Park?‹, hatte ich gekritzelt.

Sie schrieb ›JA GERNE‹ in riesigen Großbuchstaben auf den breiten Rand meines neuen Lateinhefts. Ich gab ihr ein Pfefferminzbonbon.

Samstag, vierzehn Uhr, der Park. Ich war wieder eine Stunde früher vor Ort gewesen und hatte mich bestens vorbereitet. Tolle Gags, Essen, Getränke, Opa hatte mir »die solide« seiner vielen Picknickdecken aus dem Keller geholt. Die Septembersonne schien, ein warmer Wind wehte, der Sommer bäumte sich noch mal auf. Alles passte.

Nun, da es vierzehn Uhr war und Maike nicht sofort erschien, kam mir allerdings jede Minute des Wartens wie eine Ewigkeit vor. Wie konnte sie sich so verspäten? Hatte das was mit Thomas zu tun? Hatte sie mich vergessen?

Nein, hatte sie nicht, da kam sie angeradelt. Ein breites Erwachsenenlächeln zierte ihren Mund. Sofort waren alle meine Sorgen vergessen.

»Hallo!«, rief sie fröhlich. Als sie an der Picknickdecke angekommen war, ließ sie ihr Fahrrad einfach auf die Wiese fallen und sagte mit Blick auf Essen und Getränke: »Oh, da hast du dich aber wieder ins Zeug gelegt! Toll sieht das aus!«

In der Tat hatte ich ein reichhaltiges kaltes Buffet auf dem Boden ausgebreitet: diverse Sorten Brot, Aufschnitt, Aufstrich, Kirschen, Erdbeeren, Kaffee, Tee, Kakao, Schokolade, Tomate-Mozzarella – sogar an Basilikum- und Minzblätter zur Dekoration hatte ich gedacht.

Maikes an die Begrüßung von Weitem anschließende Umarmung brachte mich einmal mehr in elysische Zustände, und – »Hallo, Fritz« – ihre Worte hallten langsam in meinem Kopf wider, hin und her, prallten innen an der Schädeldecke ab, flogen zurück, wie der Schall gewordene Bildschirmschoner eines DVD-Players.

Die Stimmung war herrlich, meine Vorbereitungen zahlten sich allesamt aus, wir hatten eine tolle gemeinsame Zeit auf der Picknickdecke. Schöne Stunden mit dem von mir mitgebrachten Essens- und Getränkeangebot vergingen, wir unterhielten uns gleichermaßen fröhlich und aufgeregt, beinahe rauschhaft, denn nie ging uns der Gesprächsstoff aus.

Irgendwann fing es zu tröpfeln an, und innerhalb

kürzester Zeit setzte ein Gewitter mit Starkregen ein. Wir packten schnell alles zusammen und flüchteten quer durch den Park unter einen großen Baum mit ausladender Krone.

»Bei Gewitter soll man aber doch nicht unter Bäume gehen!«, entfuhr es mir, während wir rannten. Ich hörte mich an wie ein besserwisserisches Schulkind.

»Uns bleibt doch gar nichts anderes übrig!«, rief Maike lachend gegen das Prasseln des Regens an und setzte sich, den Rücken an den gewaltigen Baumstamm gelehnt, hin.

»Ach, gemütlich«, seufzte sie zufrieden und klopfte mit der Hand auf den Boden, als Zeichen, dass ich mich neben sie setzen sollte. Diese Einladung zu befolgen war mir jeden Leichtsinn, jede Lebensmüdigkeit wert.

Unter dem Baum war die Erde noch komplett trocken. Dicke Tropfen fielen vor uns von der Kronentraufe, wie ein Perlenvorhang sah das aus, und hinter ihm ging gerade die Welt unter. Mich überkam eine Lustangst wie beim Versteckspiel als Kind, wenn ich damit rechnete, jeden Moment gefunden werden zu können. Wie damals hatte ich direkt diesen seltsamen unwiderstehlichen Harndrang – ›Uuuh, aufregend, gleich werde ich gefunden, gleich könnte was passieren, ich mach mir in die Hose!‹

»Du, ich muss dir was sagen …« Maike sah mir tief in die Augen. Sie klang ernst.

»Ja, äh, klar«, stammelte ich unsicher. Was würde sie mir nun mitteilen? Konnte sie sich zwischen Thomas und mir noch nicht recht entscheiden? Brauchte sie ein paar Argumente von mir, warum ich der Richtige für sie war? Kein Problem, die hatte ich alle parat. Im Grunde hätte ich eine Powerpoint-Präsentation zu dem Thema halten können.

Maikes Miene hellte sich auf. »Ich hab jetzt 'nen Freund!«, platzte es begeistert aus ihr heraus.

Ich hätte nun nichts dagegen gehabt, wenn tatsächlich ein Blitz in den Baum eingeschlagen hätte. Ein Teil von mir war ohnehin soeben gestorben, als Maike gesprochen hatte; mich nun komplett hinzuraffen wäre also nur konsequent gewesen. Außerdem war die Lebensmüdigkeit zugleich meine letzte Hoffnung: Maike und ich, wenigstens im Tod vereint.

Der Teil von mir, der noch lebte oder zumindest das Talent besaß, in dieser Schocksituation eine Art Lebendigkeit zu imitieren, übernahm nun.

»Wer ist es denn?«, fragte ich Maike mit leiernder Dödelstimme. Natürlich kannte ich die Antwort bereits.

»Der Thomas von der Party! Du hast uns beide ja oben ges...«

»Ach, jaja, klar, der Thomas!«, unterbrach ich Maike viel zu laut und viel zu harsch. »Der Thomas von der Party, natürlich! Das ist ja ...« Doch weiter kam ich nicht. Ich musste würgen. Zum Glück wurde das Geräusch vom starken Regen übertönt. Nach einigen Anläufen brachte ich den Satz endlich mit einem »toll« zu Ende.

»Ja, oder?« Maike hatte ganz rote Wangen vor freudiger Erregung. »Ach, tut gut, mal mit jemandem drüber zu sprechen!«, sagte sie erleichtert. »Hab's nämlich noch keinem Außenstehenden erzählt, nicht mal meinen Eltern oder meinen Mädels!«

›Warum quälst du dann mich mit dieser Hiobsbotschaft?‹, fragte ich Maike in Gedanken, doch aus meinem Mund kam: »Echt? Warum nicht?«

»Ach, die sind alle so anstrengend, wenn's um Liebeskram geht«, antwortete Maike. »Und meine Eltern werden nicht sonderlich begeistert sein, wenn ich ihnen sage, dass Thomas sieben Jahre älter ist.«

Wie bitte? Sieben Jahre? Ich, Fritz, fünfzehn Jahre alt, nahm es also mit einem Calvin-Klein-Model in den Mittzwanzigern auf, das sich in seiner Freizeit an sechzehnjährige Mädels ranschmiss. Na klar.

Maikes Mutter, so dachte ich, würde jedenfalls nichts gegen eine Beziehung der beiden haben, schließlich böte sich so noch häufiger die Gelegenheit, Thomas an den Arsch zu packen.

»Ich wusste, dass man dir so was erzählen kann, ohne dass du gleich in hysterisches Gekicher ausbrichst«, sagte Maike. Da hatte sie vollkommen recht; ich war kurz davor, in einen *hysterischen Heulkrampf* auszubrechen.

»Und du weißt halt auch, wie Männer ticken«, schob Maike hinterher. Hä? Was sollte denn das bedeuten?

»Wieso jetzt genau?«, hakte ich nach.

»Na ja, weil du selber ein Mann bist«, antwortete sie. Da hatte sie recht. Das war ja auch die einzig annähernd logische Antwort. Doch offenbar ging Maikes Argumentation noch weiter; ihr Mund war geöffnet und schien bereits ein Wort vorgeformt zu haben. »Und weil du ja auf Männer stehst«, sagte sie.

Ein Blitz, und wieder hatte er nicht direkt über uns eingeschlagen, tauchte Maikes Gesicht für Sekundenbruchteile in weißes Licht. Ich war starr vor Entsetzen. Selbst als der Donner gefährlich laut über uns knallte, regte ich mich noch nicht.

»Ist … alles okay?«, fragte Maike schließlich mit schief gelegtem Kopf.

Mein Mund fühlte sich staubtrocken an, als ich zur Antwort ansetzte. Der schmerzhafte Kloß in meinem Hals, der seit den Erlebnissen auf Maikes Geburtstagsfeier so zuverlässig da war, ließ nur wenig Platz für die Luft, die ich zum Sprechen brauchte.

»Ich bin nicht schwul«, brachte ich schließlich heiser hervor.

»Ach!« Maike war keineswegs verlegen oder peinlich berührt. Sie klang eher, als hätte ich gerade erzählt, dass ich mir einen Hund zuzulegen gedachte.

»In der Schule haben die das erzählt. Und du bist ja auch eher feminin und weich. Außerdem hechelst du mich nicht so an wie die anderen Jungs, deswegen dachte ich …«

Vor ein paar Stunden noch lagen Maike und ich im Sonnenschein auf der Picknickdecke, lachten, aßen Erdbeeren – und jetzt hatte sie plötzlich einen lackaffigen festen Freund, hielt mich für schwul, und um uns herum hatte passenderweise die Apokalypse begonnen. Gerade dachte ich, dass es schlimmer nicht mehr werden könnte, da …

»Ich dachte, dass du vielleicht mein schwuler bester Freund werden könntest!«

In was für einer *Sex and the City*-Folge glaubte Maike

111

eigentlich zu leben? Abgesehen davon, dass sie mich offenbar völlig falsch eingeschätzt hatte, entpuppte sie sich jetzt auch noch als klischeeverseucht. Wirklich unvorteilhaft, dass ich bereits in sie verliebt war und das trotz dieses Erlebnisses gerade auch nicht mehr abstellen konnte.

»Ich bin nicht schwul«, sagte ich noch einmal roboterartig.

»Na gut.« Maike zuckte mit den Achseln. »Dann bist du eben mein heterosexueller bester Freund!«

Ich schwieg. Selbst wenn ich gewollt hätte – ich hätte nichts mehr sagen können. Mein Gehirn war mit der Verarbeitung der letzten Minuten ausgelastet. Was seit Beginn des Gewitters passiert war, stand der absurden Schrecklichkeit eines Fiebertraums in nichts nach.

Maike hatte unterdessen ihr Handy aus der Tasche geholt und tippte wie besessen. Der Regen wurde langsam schwächer, das Donnergrollen wurde leiser. In der Luft hing diesig der Geruch von Sommerregen.

»Ah, gleich hört's auf!«, sagte Maike, ohne den Blick vom Handy abzuwenden. »Ich muss dann auch los, treffe mich heute Abend noch mit Thomas.«

»Natürlich«, murmelte ich.

»Was sagst du?«

»Nichts.«

Kapitel 6

Durch die viele Zeit, die ich bei meinen Großeltern verbracht habe, reife ich bereits jetzt, mit Anfang zwanzig, selbst zu einem krediblen Opa heran. Jedes Jahr entwickle ich mindestens eine neue Senioreneigenschaft, die vermutlich durch Omas und Opas frühen Einfluss in mir angelegt wurde und sich nun frisch Bahn gebrochen hat. Ich sehe beispielsweise wahnwitzig oft und lange aus dem Fenster, benutze Schuhanzieher, löse Kreuzworträtsel, ächze bei den kleinsten Bewegungen, und während ich das hier schreibe, trage ich sogar meine dritten Zähne. Kein künstliches Gebiss, nein, die Zähne in meinem Mund sind allesamt echt und ganz normal gewachsen. Aber es sind die Dritten. Das liegt daran, dass ich als Kind unechte Milchzähne bekam, nachdem die eigentlichen weggebröselt waren. Warum das passiert ist, konnte sich niemand erklären. »Schlechte Zahnsubstanz«, nannte es der Arzt und verpasste mir diese Hollywood-Zähne, die zwar fake, aber doch irgendwie fest verankert waren.

Diese künstlichen Minizähne müssen so schweineteuer gewesen sein, dass niemand in meiner Familie mir eine konkrete Zahl nennen möchte – der behandelnde Arzt jedenfalls kaufte sich nach meiner OP ein Ferienhaus in

Kalifornien. Schön für ihn; für meine Familie und mich allerdings tragisch, wenn man bedenkt, dass die teuren Feinkeramiken irgendwann wie normale Milchzähne ausfielen.

Die fauligen Reste meiner alten Milchzähne hatte man mir zuvor einen nach dem anderen ziehen müssen, das tat ziemlich weh, denn den Arzt interessierte es nur wenig, dass die örtliche Betäubung bei mir nicht anschlug. Erst, als Patienten im Wartezimmer wegen meines lauten Schmerzgeschreis vorzeitig die Praxis verlassen wollten, nahm er Rücksicht und beschloss, alle weiteren Eingriffe unter Vollnarkose vorzunehmen.

Während der vorangegangenen schmerzhaften Behandlungen bei vollem Bewusstsein gab es immer nur zwei Dinge in meinem Blickfeld: die grelle Lampe über mir und ein großes gerahmtes Foto an der gegenüberliegenden Wand. Darauf abgebildet waren die beiden dicken Söhne des Zahnarztes während eines Amerikaurlaubs, zufrieden Pepsi trinkend, vor sich Berge von Pommes. Noch heute hasse ich Pepsi, Pommes und dicke Zahnarztsöhne.

Eine weitere meiner Opa-Eigenschaften ist es, regelmäßig wegen körperlicher Gebrechen zu allen verfügbaren Ärzten zu gehen. Da ich aber noch immer den unverbrauchten Körper eines 24-Jährigen habe, ist der alte Mann in meinem Kopf gezwungen, sich diese körperlichen Gebrechen einzubilden. Meistens habe ich Krebs oder einen Schlaganfall, gestern erst hatte ich einen Herzinfarkt. *Hypochonder* nennt man das wohl.

Manchmal gehe ich auch ganz ohne Symptome und aus

reiner Abenteuerlust zum Arzt. Schließlich bin ich es seit frühster Kindheit gewohnt, dort etwas zu erleben.

Im Mai 2006, am Tag meiner Erstkommunion, stieg ich vor der Kirche aus dem kleinen Auto meiner Mutter aus. Angesichts des bevorstehenden hohen Feiertags in meinem Leben als katholisch erzogener Junge knallte ich die Tür des Wagens besonders enthusiastisch zu. Dabei quetschte ich den Daumen meiner rechten Hand ein, den ich in meiner Unruhe beim Aussteigen nicht schnell genug aus dem Türbereich gezogen hatte.

Die wenigen Sekunden, die einem direkt nach einer Verletzung zur Verfügung stehen, in denen der Schmerz seinen Weg noch nicht gefunden hat, in denen man nicht weiß, wie einem geschieht, nutzte ich, um interessiert die Hälfte meines Fingers zu beobachten, die nicht eingequetscht war. Seltsam, wie mein Kinderdaumen da offenbar von der Karosserie verschluckt wurde. Die Tür war ganz sauber ins Schloss gefallen, der Spalt nicht breiter als gewöhnlich, und doch kam aus dieser winzigen Ritze irgendwie mein Daumen hervor.

Jetzt begann der Schmerz. Und das Grübeln.

Was sollte ich tun? Das tat schon höllisch weh – aber meine Kommunion durfte wegen meiner Dummheit, so schmerzhaft die Folgen auch waren, einfach nicht ausfallen. Das wäre mir zu peinlich gewesen. Gleich würde der Gottesdienst beginnen, dann kämen die frommen Verwandten zum Kaffee, außerdem wollte ich unbedingt meine Kommunionsgeschenke bekommen. Also öffnete ich mit Tränen in den Augen die Autotür, zog meinen Daumen heraus, der blau angelaufen und in der Mitte eingedellt war, und versteckte ihn den gesamten Vormittag mit aller Kraft gegen die Schmerzen ankämpfend hinter meinem Rücken. In der Kirche und auf der Fahrt nach Hause fiel das nicht weiter auf. Beim Nachmittagskaffee mit den Verwandten bemerkte meine Mutter mein seltsames Gebaren allerdings – und so wurde mein blauer Daumen von allen Gästen zu gleichen Teilen angeekelt, fasziniert und mitleidig inspiziert. Jetzt, da ich die Kirche hinter mir hatte, alle Gäste fürs Erste mit Kaffee und Kuchen versorgt worden waren und die Geschenke – hoffentlich nur für mich – auf dem Tisch standen, fand ich es nicht mehr sonderlich problematisch, meinen Daumen als verletzt zu outen. Ohne die schlimmen Schmerzen hätte ich die Aufmerksamkeit sogar in vollen Zügen genossen.

Oma Hasi: »Mein Gott und Vater, nee! Du machst immer Sachen!«

Mama: »Armer Fritzi!«

Martha: »Ist der Fritz jetzt auch behindert?«

Opa: »Damit müssen wir zum Arzt!«

Und in der Tat fuhr Opa mich zum Arzt. Allerdings zum Frauenarzt. Das habe irgendwas damit zu tun, dass heute Sonntag sei, sagte Opa, außerdem sei der Frauenarzt in der Nähe und habe Notdienst. Ich wusste sowieso nicht, was ein Frauenarzt genau tat, und war einfach froh, dass sich irgendwer um meinen Daumen kümmern würde.

Der Frauenarzt ließ uns warten. Die Dame vom Empfang hatte uns bereits in ein Behandlungszimmer gebeten

und die Tür hinter sich geschlossen. Wir saßen schweigend da, ich hielt meinen Daumen in die Höhe, damit er
nicht so schmerzhaft pochte, und sah dabei aus, als würde
ich einer unsichtbaren dritten Person mein Gefallen ausdrücken wollen.

»Der lässt sich aber Zeit, der Arzt«, brummte Opa.
»Gibt wohl viel zu prokeln heute.«

»Prokeln?«

Ich verstand nicht, was Opa mir da sagen wollte.

»Na, prokeln! Das macht der doch bei den Frauen da
unten!«

Opa zeigte erst auf seinen Schritt und dann auf den seltsamen Behandlungsstuhl mit den Beinablagen links und
rechts. Ich verstand immer noch nicht.

»Wie?«

»Der ist doch Frauenarzt. Das heißt, dass er die da unten untersucht!« Er zeigte mehrfach und mit Nachdruck
auf seinen Schritt und dann wieder in Richtung Stuhl. »Da
drauf sitzen die dann, machen die Beine breit, und der
Arzt kann denen dann da unten rumprokeln.«

»Versteh ich nicht.«

Opa seufzte, schloss kurz die Augen, stand dann auf
und ging zum Behandlungsstuhl. Er setzte sich drauf und
legte die Beine ordnungsgemäß an den Seiten ab.

»Hier wird denen vom Arzt untendrin rumgeprokelt!«,
rief Opa noch mal und deutete mit beiden Zeigefingern in
die Mitte seiner gespreizten Beine, als wäre so nun alles
hinreichend erklärt.

In diesem Augenblick kam der hagere Arzt herein. Ein

117

paar Sekunden lang sah er Opa irritiert an, wandte seinen Blick dann zu mir und meinem emporgereckten Daumen, runzelte die Stirn, sah wieder zurück zu Opa und sagte: »Wem von Ihnen beiden darf ich helfen?«

Ein gespalten wachsender Daumennagel erinnert mich seitdem zuverlässig an diesen bizarren Tag.

———

Ein gutes Jahr später wechselte ich aufs Gymnasium. Die Horrorzwillinge hatten mir das Leben in der Grundschule bis zum letzten Tag schwer gemacht. Und es deutete sich an, dass das auf der weiterführenden Schule nicht anders werden würde. Das Schicksal wollte es nämlich, dass Sophie, Hannes und ich auch hier wieder gemeinsam in eine Klasse kamen. Ich hatte so darauf gehofft, dass das nicht passieren würde.

Es war jenes altehrwürdige katholische Gymnasium mit angeschlossenem Kloster, das schon meine Mutter besucht hatte. Vereinzelt unterrichteten dort sogar noch Nonnen. Graue Eminenzen, die noch nicht wie die meisten ihrer Mitschwestern aus Alters- oder Todesgründen aus der Lehrtätigkeit ausgeschieden und durch handelsübliche Lehrerinnen und Lehrer ersetzt worden waren.

Die Schulflure waren verschwenderisch groß und hatten kalte Steinböden, in den Ecken standen Madonnenstatuen, an den Wänden hingen Kreuze, die mit dunklem Holz vertäfelten Klassenräume hatten hohe Stuckdecken, und nur der hormonschwanger-muffige Pubertätsgeruch der älteren Jahrgänge schaffte es durch seine Penetranz, die Weihrauchausdünstungen des alten Gemäuers zu überlagern.

Unser neuer Mathelehrer hieß Herr Grotthoff. Er sah beinahe aus wie Mr. Burns, der Eigentümer des Atomkraftwerks in der Serie *Die Simpsons*: klein, dürr, buckelig, weißgrauer Haarkranz. Die Augen glupschig, die Nase schnabelhaft spitz und lang. Grotthoff hatte einen dicken Bauch, der aussah, als gehörte er gar nicht zum Rest seines verhärmten Körpers; oberhalb des Hosenbundes sah der Bauch aus, als wäre er mit einem unförmigen Kissen ausgestopft, und unterhalb der Gürtelschnalle quoll er seltsam prall wieder hervor. So hatte er im Grunde zwei Bäuche, einen kleinen kugeligen in seiner Hose und einen großen deformierten darüber. An manchen Tagen, besonders nach den Wochenenden, berührten sich die Bäuche sogar, Gürtelschnalle und Hosenbund verschwanden dann im Fett- und Hemdgewebe.

Herr Grotthoff war der Grund, warum die Horrorzwillinge aufhörten, mich zu misshandeln. Nicht etwa, weil er dem Treiben der beiden ein Ende gesetzt und sie bis zum Ende ihrer Schullaufbahn zu Strafarbeiten verurteilt hätte, so wie sie es verdienten, sondern weil nun Herr Grotthoff selbst mich fertigmachte. Hannes und Sophie konnten sich vom Tag des Schulwechsels an entspannt zurücklehnen und zusehen, wie der neue Mathelehrer dafür sorgte, dass ich auch auf dem Gymnasium innerhalb kürzester Zeit der Außenseiter-Freak wurde.

Gemessen an Herrn Grotthoffs Grausamkeit, waren

die Zwillinge nie eine Bedrohung gewesen. Hannes und Sophie werden mir geradezu sympathisch, wenn ich an unseren dürren Mathelehrer denke. Schließlich fußte der Hass der Horrorzwillinge auf Sophies enttäuschter kindlicher Liebe. Herrn Grotthoffs Liebe musste ich gar nicht erst enttäuschen, damit er mich hasste. Er tat das ganz ohne Grund, glaubte ich. Heute weiß ich, dass ich schlicht ein dankbares Opfer war. Ein Träumer, unfähig, dem offenbar sadistisch veranlagten Lehrer selbstbewusst entgegentreten zu können; ein dankbarer Prellbock, zu schmerzerfahren, um noch einknicken zu können. Die Zwillinge hatten Herrn Grotthoff den Weg geebnet.

Ich ertrug es einfach nur, wenn er die ganze Klasse aufforderte, auf Zettel zu schreiben, was sie an mir nicht mochte, um die Ergebnisse dann Zettel für Zettel laut und genüsslich vorzulesen. Da wir uns untereinander noch gar nicht richtig kannten, schrieben die meisten aus der Klasse irgendetwas Erfundenes oder an den Haaren Herbeigezogenes auf ihre Zettel: »Ich mag an Fritz nicht, dass er keine Markenkleidung trägt« oder »Fritz ist schlecht in Mathe« oder »Fritz ist eine Brillenschlange« – all das verlas Herr Grotthoff mit Rezitatorengestus vor versammelter Mannschaft.

Ich wehrte mich nicht, wenn er mir während Klassenarbeiten unvermittelt zuraunte, dass ich es sowieso nicht schaffen würde.

Und ich ließ es über mich ergehen, als er mir mitteilte, dass ich nicht über die »kognitiven Fähigkeiten« verfügen würde, die für einen Gymnasiasten vorausgesetzt werden.

Eines Schultages forderte er mich aus heiterem Himmel auf, mich mit dem Gesicht zur Wand in eine Ecke des Klassenraums zu stellen.

»Weißt du, warum ich dich in die Ecke geschickt habe, Fritz?«

»Nein.«

»Ich hatte Lust dazu.«

Von alldem erzählte ich zu Hause nichts. Auch Martha war jetzt in der Schule, das war ein großes Thema, nachmittags fuhr man mit ihr von einer Therapie zur nächsten, suchte weiterhin nach der passenden Behandlungsmethode für ihre Behinderung, und, so glaubte ich, für meine Probleme war da weder Zeit noch Raum. Natürlich hätte sich meine Mutter jederzeit um mich gekümmert, aber angesichts ihres Pensums als Alleinerziehende hatte ich mir vorgenommen, so selbstständig wie eben möglich zu werden und nur noch positiv aufzufallen. Ich wollte der Strahlemann sein – und wenn mir das nicht gelang, dann wollte ich mich zurückziehen und die Probleme mit mir selbst ausmachen. Vielleicht würde ich ja für meine Eigenständigkeit Lob und Liebe ernten, überlegte ich. Und so schwieg ich über das, was in der Schule passierte.

Einige Monate später, am ersten Elternsprechtag der neuen Schule, saß ich zu Hause und wartete auf meine Mutter. Ich fragte mich, was da so lange dauern konnte. Sie hatte doch nur einen einzigen Gesprächstermin bekommen. Ausgerechnet bei Grotthoff. Sämtliche anderen Lehrkräfte waren durch die übereifrigen Helikoptereltern meiner Mitschüler bereits vollständig ausgebucht gewesen. Es war zermürbend, meine Mutter alleine mit dem furchtbaren Grotthoff in einem Raum zu wissen.

Nach zwei ganzen Stunden hörte ich ihren Schlüssel an der Wohnungstür kratzen. Ich rannte hin, meine Mutter kam rein, ich sagte »Hallo!«, sie sagte nichts. »Hallo!«, sagte ich noch mal etwas lauter. Sie zog sich Jacke und Schuhe aus.

»Dieser Junge ...«, begann sie, »... über den mir da gerade etwas erzählt wurde, ist nicht mein Sohn!«, sagte sie mit unterdrückter Wut.

»Wo warst du denn so lange?«, fragte ich verunsichert.

»Wo ich so lange war?!«, wiederholte meine Mutter. »Ich war, wie du sehr genau weißt, beim Elternsprechtag deiner Schule und musste mir Dinge über dich anhören!«

»Hä?« Meine Stimme zitterte.

»Dein Mathelehrer hat mir einige Dinge zu sagen gehabt, die du mir wohl aus gutem Grund verschwiegen hast!«

»Was hat er denn erzählt?«

»Unglaubliches!«, platzte es aus ihr heraus. Ihre Wut und ihre Enttäuschung suchten nun den Weg nach außen. Zu Recht, bei dem, was Grotthoff ihr, wie sich rausstellen sollte, aufgetischt hatte. Und ·meine Mutter war auch im Recht, als sie sagte, dass der Junge, um den es beim Elternsprechtag ging, nicht ihr Sohn sei. Das war nämlich ein von Grotthoff frei erfundener Junge ohne Manieren, ohne Anstand und ohne Herz. Meine Mutter, die mich

122

von allen Menschen am besten kannte und kennt, hatte mich also logischerweise nicht in seinen Ausführungen wiedergefunden. Angesichts ihrer Enttäuschung überkam mich automatisch ein schlechtes Gewissen – obwohl ich in Wirklichkeit gar nichts von dem getan hatte, was Grotthoff erzählt hatte.

Laut seiner ausgeuferten Fantasie war ich ein vorlauter Bengel, der alles besser wusste, seine Mitschüler psychisch wie physisch quälte, immer im Mittelpunkt stehen wollte, allgemein für ein sehr schlechtes Klassenklima sorgte, nie Hausaufgaben machte und obendrein in allen Fächern wahnsinnig schlechte Noten schrieb. Bei diesem letzten Punkt hatte sich Grotthoff allerdings vergaloppiert. Wie ich meiner Mutter mit meinen Klassenarbeitsheften bewies, waren meine Noten gar nicht schlecht. Ja, Mathe war wie schon in der Grundschule furchtbar, aber alle anderen Fächer: absolut passabel. Und so konnte ich Mama schnell davon überzeugen, dass auch der Rest von Grotthoffs Darbietungen mit der Realität nichts zu tun hatte. Die ganze Wahrheit erzählte ich ihr trotzdem nicht, ich hatte mir schließlich vorgenommen, möglichst wenig Umstände zu machen.

Sie habe sich auch einfach nicht vorstellen können, dass das, was Herr Grotthoff erzählt habe, so recht stimmen mochte, sagte meine Mutter und regte sich nun wiederum fürchterlich über den Lehrer auf.

»Warum erzählt der denn so einen Scheiß?«, rief sie aus.

»Keine Ahnung«, antwortete ich wahrheitsgemäß.

Sie habe ihn sogar gefragt, entrüstete sich meine Mutter, wie man die vielen beschriebenen Probleme mit mir denn am besten angehen könne. »Schulwechsel«, sei Grotthoffs Lösungsvorschlag gewesen, »fort mit dem Jungen.« Meine Mutter habe dem Lehrer gesagt, dass ich doch gerade erst aufs Gymnasium gewechselt sei. Herr Grotthoff habe geantwortet: »Reisende soll man nicht aufhalten.«

So fürchterlich mein Einstand dort gewesen war: Die Schule, die ich nun besuchte, würde im Laufe der Zeit glücklicherweise noch einige Lehrerinnen und Lehrer bereithalten, die sich selbst und ihren Beruf mehr liebten, als Grotthoff es tat. Sie waren in der Unterzahl, aber es gab sie, die Lehrer, die das Attribut »Pädagoge« verdienten und ausfüllten. Herr Ehrlich und Frau Große-Herder, die im Deutschunterricht meine Sprachleidenschaft erkannten und förderten, Herr Berg, der Kunstlehrer, der meine Kreativität in geordnete Bahnen lenkte und anspornend benotete, oder Herr Wulff, der den Geschichtsunterricht zu einer Art lehrreichem Stand-up machte, das man unter keinen Umständen verpassen wollte.

Außerdem brachte diese Schule Menschen in mein Leben, die mir noch heute enge Freunde sind. Zum ersten Mal traf ich hier Gleichaltrige, die wahrhaftig etwas mit mir anfangen konnten – und umgekehrt. Eine größere Schule bedeutete mehr Außenseiter, mehr sogenannter Freaks, mehr zu früh erwachsen Gewordener, wie ich einer war.

Zu Grundschulzeiten hatte ich mich nachmittags meist sofort in irgendeine Popkultur geflüchtet, statt mich mit

Leuten aus der Schule zu treffen. Die von Rufus Beck völlig exaltiert gelesenen Harry-Potter-Hörbücher waren wohl der größte und schönste Eskapismus meiner Kindheit.

Nun, während der Zeit auf dem Gymnasium, klingelte es nachmittags häufiger bei uns. Vor der Tür standen Mitschüler und fragten, ob ich Lust hätte, etwas zu unternehmen. So etwas kannte ich ja gar nicht! Wie ungewohnt schön! Natürlich hatte ich Lust!

So befreiten meine Freunde mich nach und nach aus der Soziophobie, die ich während der Grundschulzeit entwickelt hatte. Und besuchte andersherum ich sie zu Hause, kotzten sie nicht auf den Tisch. Das half sehr während der drei gymnasialen Anfangsjahre, in denen Grotthoff mein Mathelehrer war.

Ausgerechnet in einer Klosterschule, die so selig die christliche Nächstenliebe hochhielt, auf jemanden wie Grotthoff zu treffen, nahm ich einmal mehr als Beweis für den Zynismus, der der geheimnisvollen Macht innewohnt, die mal Gott, mal Schicksal, mal Glück oder Pech genannt wird.

Im Rahmen unserer Schulgottesdienste waren wir häufig angehalten, den sakralen Smash-Hit »Gott gab uns Atem« zu singen, in dem aufgezählt wird, was wir Gott alles zu verdanken haben – und der, wie ich finde, mit der unglücklich formulierten Zeile »Gott will nicht diese Erde zerstören« symptomatisch ist für das daniederliegende System Kirche. Das ist doch sinnwidrig: Wenn Gott die Erde sowieso nicht zerstören will, warum ist dem Textdichter das klarzustellen dann ein Anliegen gewesen? Ich interpretiere diese Zeile gar als latente Drohung: Benehmt euch mal lieber alle bibeltreu und kirchenkonform, sonst *könnte es sein*, dass Gott, so leid es ihm tut und sosehr er auch das Gegenteil für uns will, diese Erde zerstört. Da bekommt der Begriff »Smash-Hit« eine ganz neue Bedeutung.

Schade, dass es im Gotteslob kein Lied über Einstellungskriterien für Lehrer an einer Klosterschule gibt, mit weiteren schwerfälligen Textzeilen wie: »Gott will nicht diese Lehrer einstellen«. Es wäre mir vieles erspart geblieben.

Vor einigen Jahren, ich arbeitete bereits, war ich zu Besuch in meiner Heimatstadt und stand an einer Ampel, neben mir ein älterer Mann, der mir entfernt bekannt vorkam. Nach einiger Zeit des Starrens und Nachdenkens strömten schlimme Erinnerungen auf mich ein. Es war Grotthoff. Weißhaariger, knochiger, seine zwei Bäuche dagegen noch ausladender.

Obwohl ich kein Interesse an einer Unterhaltung hatte und sofort ein paar Schritte rückwärtsgegangen war, bemerkte er mich. Überschwänglich schüttelte er meine Hand, die ich ihm nicht hingestreckt hatte, und erklärte mir, er habe es schon immer gewusst, aus mir »würde mal was werden«. Er sei nun mein »größter Fan« und würde sich, ja, er wisse, das sei nicht ganz bescheiden, auch einen Teil meines Erfolges zuschreiben. Ich weiß es besser.

Kapitel 7

Anfang der Nullerjahre. Morgens im Frühling, wenn der Tau noch auf der Wiese lag, trug mich meine Mutter häufig aus dem Bett nach draußen. Meistens hatte ich nur meinen Schlafanzug an und war barfuß. Fröstelnd beobachtete ich, wie sich gleißendes Sonnenlicht in den Tausenden Wassertropfen auf den Grashalmen brach. Ein Meer aus Leben.

»Das wird eine Tauwanderung«, sagte meine Mutter, nahm mich an die Hand und zog mich auf die Gartenwiese. Meine Füße berührten das nasskalte Gras. Das war toll und furchtbar zugleich. In dieser leuchtenden Umgebung kämpfte sich der Kälteschmerz durch meine Schlaftrunkenheit, wiederum abgemildert durch die beruhigende Stimme meiner Mutter: »Tut weh, ist aber toll für die Gesundheit.« Ich mochte das.

Meiner Mutter durfte es nie zu perfekt werden. Eine taubedeckte Frühlingswiese im Sonnenlicht war für sie erst eine wundervolle Angelegenheit, wenn sie gespürt hatte, wie kalt, feucht und unbehaglich das Gras außerdem war.

Doch nicht nur mit Tauwanderungen stellte meine Mutter unter Beweis, wie sehr sie an der Erhaltung von Gesundheit und Zwiespaltsleben interessiert war. Ihr ge-

127

lang das auch unter weniger malerischen Bedingungen – zum Beispiel mit einem Besuch bei McDonald's.

Während meiner Grundschulzeit gab es als Spielzeugbeilage im Happy Meal winzige Radios, die kurze Songfragmente damaliger Chartbreaker spielten. In wahnsinnig schlechter Tonqualität plärrten zum Beispiel Las Ketchup, Sarah Connor oder die No Angels ihre aktuellen Hits aus den Plastikdingern.

Nur wenige meiner Klassenkameraden hatten das zweifelhafte Glück, so viele Happy Meals essen zu dürfen, wie man brauchte, um an sämtliche Radios mit ihren unterschiedlichen Songs, diversen Farben und Fotostickern der jeweiligen Interpreten zu kommen. Wer alle Radios hatte, war King oder Queen – und zeigte das auch durch stolzes Anklippen der kompletten Sammlung von außen an den Tornister. Ich fand das irgendwie befremdlich – und trotzdem wollte ich diesen Hype mitmachen. *Ja, ich darf auch zu McDonald's!*

Die immer gleichen Songschnipsel, die fortan allerorten aus den billigen »Spielzeugen« schepperten, waren eine Folter für erwachsene Ohren. Abartigerweise waren die Radios so konstruiert, dass man das Batteriefach gar nicht oder nur mit einem speziellen Schraubendreher öffnen konnte. So blieb den Eltern als einziger Ausweg aus dem Pop-Guantanamo, die Radios kaputt zu schlagen.

Mama hatte dieses perfide System sofort durchschaut und war nicht bereit, auch nur einen Cent auszugeben für, wie sie sagte, »diesen Plastikmist, und damit meine ich vor allem das Essen«.

Mich überraschte diese Absage nicht. Wir hatten ohnehin noch nie bei McDonald's gegessen, meine Mutter sorgte immer rechtzeitig dafür, dass zu Hause eine Bio-Mahlzeit auf dem Tisch stand, die jeden Fast-Food-Hunger auslöschte. Heute bin ich froh drum, früher habe ich es höchstens geduldet, gesund ernährt zu werden.

Wenn es in Gesprächen darum geht, dass McDonald's ungesundes Essen verkauft, bringt immer irgendjemand ein, dass die Freundin einer Tante mal ein *ganzes Hühnerauge* in einem Chicken-Nugget gefunden hat. Ich habe die Vermutung, dass diese Geschichte, die jeder schon mal in einer Abwandlung gehört oder selbst erzählt hat, von meiner Mutter erfunden und überall gestreut wurde, um McDonald's in den Ruin zu treiben.

Seit jeher gab es bei uns zu Hause Direktsäfte, Vollkornbrot und Rohkost. Gesundes Essen erkennt man am überdeutsch klingenden Namen. Schon im Kindergarten hatte meine Mutter mir immer dergleichen in die Brotdose gepackt. Essen, das ich, verglichen mit dem Mitgebrachten der anderen Kinder, ziemlich abstoßend fand. Meine akkurat geschnittenen Gurkenscheiben, die kleinen Karotten und das Pumpernickel mit Frischkäse standen den rindenlosen Nutella-Weißbroten, dicken Salamistullen und klebrigen Trinkpäckchen meiner Altersgenossen auf unangenehm exotische Weise gegenüber. »Bäh! Was hast du denn da mit?«, fragte mich ein Mädchen und rümpfte mit Blick auf meine Dose seine Nase. »Das sieht ja aus wie Aa-Brot!« Ich schämte mich. An manchen Tagen traute ich mich fortan nicht mal, meine Brotdose überhaupt nur zu öffnen, aus Angst, dass wieder etwas ekelerregend Gesundes zum Vorschein kommen könnte. Ich ließ die Dose einfach in meinem kleinen Rucksack liegen, und wenn mich meine Mutter später zu Hause fragte, warum ich denn alles wieder mitgebracht hätte, antwortete ich: »Einfach keinen Hunger gehabt.« Das war von vorne bis hinten gelogen. Natürlich hatte ich Hunger gehabt, nur eben nicht auf die vollwertige Kost, die Mama mir mitgegeben hatte. In Wirklichkeit war ich gramgebeugt vor meine Kindergärtnerin Karin getreten und hatte gesagt: »Ich habe kein Essen von zu Hause mitbekommen, hast du vielleicht was für mich?«

Diese Frage war pure Berechnung gewesen. Ich hatte zuvor immer wieder beobachtet, wie die Kindergärtnerinnen sich morgens frische Brötchen vom Bäcker mitgebracht und sie in ihrer Küche mit selbst gemachter Erdbeermarmelade beträufelt hatten. Bei diesem Anblick war mir jedes Mal das Wasser im Mund zusammengelaufen.

Und tatsächlich schmierte mir Karin voller Mitleid eine Brötchenhälfte mit Erdbeermarmelade. In der darauffolgenden Zeit ermogelte ich mir mit dieser Strategie bestimmt zehn ungesunde Frühstücke. Ich frage mich heute, wie ich damals so gar kein schlechtes Gewissen haben konnte, meine jeden Morgen Rohkost schnippelnde Mutter dermaßen in Verruf zu bringen, indem ich vor den Angestellten des Kindergartens behauptete, sie gäbe mir nie etwas zu essen mit. Einen McDonald's-Besuch hatte ich somit auch gar nicht verdient, es geschah mir recht, so konsequent vitaminreich ernährt zu werden.

Umso verwunderter waren Martha und ich, als Mama nach Jahren der erfolgreichen Fast-Food-Prävention, am Tag nach ihrer Plastikradio-Absage, aus dem Nichts verkündete, dass sie ihre Meinung geändert habe; heute hätte sie nichts gekocht, und wir könnten nach der Schule »gerne zu McDonald's fahren, am besten sofort«, sonst seien die tollen Radios nachher noch alle ausverkauft. Seltsam. Es sah meiner Mutter überhaupt nicht ähnlich, ihre Meinung zu ändern oder auch nur den Hauch von Inkonsequenz zuzulassen. Aber angesichts der nun bestehenden Möglichkeit, ein solches Radio zu besitzen, war mir das vollkommen egal.

In der McDonald's-Filiale unserer Heimatstadt durften Martha und ich uns dann wirklich, *ganz in echt*, ein Happy Meal bestellen. Sogar unsere favorisierten Miniradios waren noch vorrätig. Im Angesicht der heiß begehrten Plastikspielzeuge wurde das ja eigentlich ebenfalls desiderable Fast Food zur Nebensache. Martha hatte nur noch Augen und Ohren für das orange »Naturally 7«-Radio, und ich freute mich über das schwarze »Brosis«-Radio.

»So!«, sagte meine Mutter, als Martha und ich unsere Kindermenüs aufgegessen hatten. »Jetzt geht ihr noch ins Bällebad!«

Heute muss unser Glückstag sein, überlegte ich. Essen bei McDonald's, Spielzeug von McDonald's und nun sogar noch die Erlaubnis, ja sogar die *Aufforderung*, ins Bällebad von McDonald's zu gehen. Fehlte nur noch, dass Mama verkündete, wir würden bald unsere Kindergeburtstage hier feiern.

»Echt jetzt, wir dürfen sogar noch ins Bällebad?«, fragte Martha. Sie war angesichts dieser enormen Großzügigkeit misstrauisch geworden. Zu Recht.

»Na klar!«, sagte Mama. »Deswegen bin ich heute überhaupt mit euch hierhergefahren. Bestimmt nicht wegen des furchtbaren Essens und dieser nervtötenden Radios! Das Bällebad ist so schlimm versifft und dreckig, das wird euer Immunsystem stärken! Hopp, hopp!«

Martha und ich waren anschließend genau einmal ernsthaft krank – direkt nach dem Bällebad überkam uns eine Mischung aus Grippe und Magen-Darm-Infekt – und danach, bis zur Volljährigkeit und darüber hinaus, nie wieder.

———

Mamas Leidenschaft fürs Bittersüße erklärt auch, wie sie gleichzeitig Katholikin und Sexualtherapeutin sein kann.

Die Entscheidung, diesen Karriereweg einzuschlagen, reifte erst relativ spät in ihr. Sie war bereits fünfzig Jahre alt, meine Schwester und ich waren Teenager, als sie uns bei einem Abendessen mitteilte, man hätte ihr, der diplomierten Pädagogin, »diese Zusatzausbildung« auf der Arbeit angeboten. Sie sei »da sehr interessiert«, auch und gerade weil sie sich bisher noch nicht so ausführlich »mit dem Thema« auseinandergesetzt habe, und sie überlege nun ernsthaft, zuzusagen.

Für mich war der Zeitpunkt ein ungünstiger. Mittlerweile befand ich mich nicht mehr in einem Alter, in dem sie mich in aller Herrgottsfrühe aus dem Bett tragen und auf eine kalte Wiese stellen konnte. Ich pubertierte unkontrolliert vor mich hin, und das Letzte, was ich gebrauchen konnte, war eine Sexualtherapeutin als Mutter.

Außerdem war ich von ihr nicht gerade ausgiebig aufgeklärt worden. Ich weiß nicht, vielleicht lag das an ihrem Katholizismus oder ihrer eigenen Erziehung (was ebenfalls Katholizismus bedeuten würde), jedenfalls redeten wir in Sachen Aufklärung nur über das Allernötigste. Ansonsten konnte ich alles mit Mama besprechen – doch was Sexualkunde betraf, hatte ich den Eindruck, herrschte ein Klima, in dem meine Fragen eher unerwünscht waren. Vielleicht war das aber auch eine ganz normale, gesunde Distanz zwischen Mutter und Sohn? Ich fragte bei keinem männlichen Freund dahingehend nach, aus Angst, ich könnte mich lächerlich machen mit meinem Unwissen.

Im Laufe des Heranwachsens hatte ich wegen alledem nach außen eine ziemliche Verklemmtheit entwickelt. Ich sprach und tat nichts Sexuelles, mehr noch: Meine Schamhaftigkeit ging sogar so weit, dass mir selbst die eigentlich sexuell neutrale Erkundigung, wie man sich richtig rasierte, nicht über die Lippen kam.

Ich wurde unterschwellig wütend, dass meine Mutter nun nicht mir, sondern direkt Wildfremden ihre Unterstützung in der Untenrum-Sache anzubieten gedachte. Aufgeklärt wurde ich beiläufig, ohne Fragen, durch Freunde und das Internet. Rasieren lernte ich durch Trial and Error.

Meine hochkatholische Klosterschule war bei alledem jedenfalls auch keine große Hilfe. Die unbeholfene Biologielehrerin zeigte mir und dem Rest der fünften Klasse Fotos von nackten Kindern mit Siebzigerjahre-Frisur, von ähnlich frisierten und genauso nackten Jugendlichen und schließlich von Erwachsenen, die die Siebzigerjahre-Frisur nunmehr im Intimbereich trugen. Anschließend reichte die Lehrerin kommentarlos ein eingeschweißtes Kondom und eine zerfledderte Damenbinde durch die Reihen und befand schließlich, dass die Unterrichtsreihe der Sexualkunde nun erfolgreich abgeschlossen sei. Doch Marcel Einhaus aus meiner Klasse hatte noch eine Rückfrage. Eine sehr spezifische.

»Was hat es zu bedeuten«, fragte der Junge, »wenn das Pipi weiß ist?«

Totenstille im Raum. Warum, was war hier los, fragte ich mich, was hatte Marcel gemeint? Ich ließ den Blick schweifen über die entsetzt und starr dastehende Lehrerin, über die gespannt-belustigten Gesichter einiger frühreifer Mitschüler und die verwirrten Mienen der weniger Präpubertären unter uns, so wie ich einer war. Sogar der gekreuzigte Jesus an der Wand des Biologieraums machte einen perplexen Eindruck.

»Wie meinst du denn das, Marcel?«, fragte die Lehrerin. Heute vermute ich, dass sie das fragte, um Zeit zu gewinnen. Damals glaubte ich ihr, dass sie wirklich nicht verstanden hatte, welches abnorme Körpersekret Marcel gerade charakterisiert hatte. Manche der Mitschüler fingen nun an zu kichern, der Lehrerin brach der Schweiß aus.

»Na ja, manchmal kommt doch auch weißes Pipi«, insistierte Marcel.

»Das … äh … kann schon mal … äh … sein«, stammelte die Lehrerin, »dass der Urin weiß ist, wenn man … äh … sehr viel getrunken hat … vorher.« Sie sah erleichtert aus, nun endlich eine – wenn auch fadenscheinige – Antwort gegeben zu haben. Aber damit gab Marcel sich nicht zufrieden.

»Ich hab davor aber gar nicht viel getrunken«, sagte er so beunruhigt wie empört, und das Gesicht der Lehrerin verfinsterte sich wieder. »Genau genommen hab ich vorher gar nichts getrunken!«, rief der Marcel aus. »Das war morgens, direkt nach dem Aufstehen!«

Die Mitschüler, die zuvor gekichert hatten, konnten sich nun nicht mehr halten vor Lachen. Einige andere fragten: »Was ist? Warum lachen die?«

»Es reicht jetzt, Marcel!«, schrie die Lehrerin plötzlich und legte die Folie mit dem nächsten Thema, Verdauung, auf den brummenden Overheadprojektor.

Zu Hause hatte ich oft den Eindruck gehabt, am Bauchnabel aufzuhören und erst kurz oberhalb der Kniescheiben wieder fortgesetzt zu werden, einfach, weil bei uns niemand über den Bereich dazwischen sprach. Und nun überraschte Mama durch ihre Idee mit der sexualtherapeutischen Ausbildung.

»Kommen dann hier irgendwelche Gestörten zu uns nach Hause?«, fragte ich sie in einer Mischung aus gefälschter Langeweile und echtem Entsetzen. In meiner Fantasie wurde ich bereits unfreiwilliger Zeuge von Gesprächen, die meine Mutter im Wohnzimmer unserer kleinen, hellhörigen Wohnung führte. Fremde Männer mit

135

Erektionsproblemen oder seltsamen Neigungen; gelangweilte alte Ehepaare, denen jegliche Sexualität vollständig abhandengekommen war; anstrengende junge Paare, die Frau angeknipst, der Mann apathisch: ›Hmja, also, der Stephan sagt einfach nicht, was er gerne hätte im Bett! Ich wär ja zu wirklich allem bereit, aber er meint, ich überfordere ihn mit meiner Geilheit.‹

Darauf meine Mutter: ›Stephan, wie siehst du das?‹

Stephan: ›Ich will einfach nur meine Ruhe.‹

»Das sind keine Gestörten, und *wo* ich das *eventuell* mache, wird sich zeigen«, sagte meine Mutter mit strafendem Blick und riss mich damit aus meinem außer Kontrolle geratenen Gedankenkarussell.

»Ich finde, du solltest das machen, Mama«, ergriff Martha das Wort. »Das passt überhaupt gar nicht zu dir, deshalb wird es dir gut gefallen!« Wie recht meine Schwester hatte.

Wenige Tage später stand ein riesiger Rollkoffer im Flur. Er hatte ein Leopardenfellmuster, und, ich hob ihn kurz an, er war leer.

»Mamaaa?!«, rief ich besorgt. »Ja?«, kam es aus der Küche. »Was ist das hier?«, fragte ich.

Meine Mutter lugte aus der Küchentür. »Ein Koffer natürlich.«

Ich blickte schnell zwischen meiner Mutter und dem Ding hin und her. »Und warum hat der einen Leoprint? Und was wird da reingepackt?!«

»Ich werde jetzt Sexualtherapeutin«, sagte meine Mutter mit feierlichem Unterton, als hätte sie damit alle Fragen zu diesem ominösen Koffer beantwortet.

»Ah ja, dann ist die Entscheidung jetzt also gefallen.«

»Sehr richtig.«

»Der Koffer ist für die Ausbildung?«

»Auch richtig.«

»An dem Fellmuster erkennt man ja auch direkt das mit dem Sex.«

»Willst du dich jetzt über mich lustig machen?« Der Ton meiner Mutter wurde schärfer. Ich musste in der Tat ein Lachen unterdrücken, fand ich es doch zu komisch, dass meine Mutter sich des ganzen Themas jetzt mit solcher Verve annahm und ein riesiges Gepäckstück in Raubtierfell-Optik für einen geeigneten Start hielt.

»Nein, ich möchte einfach nur mehr erfahren über diesen verruchten Sex-Koffer!«, antwortete ich. Sie verdrehte die Augen.

»Den habe ich bestellt, um all meine *Lehrmaterialien* verstauen und sie später zu Seminaren mitbringen zu können.«

Vor meinem geistigen Auge setzte ein Starkregen aus Sextoys verschiedener Farben und Größen ein. Ein riesiger Schwall Dildos, Vibratoren, Lack- und Lederklamotten und geplüschter Handschellen nahm mir prasselnd die Sicht. Und so weit war ich mit meiner wild blühenden Fantasie von der Realität gar nicht entfernt.

Zwar nur ein kleiner, aber immer noch ein Schwall ebendieser Produkte sollte sich tatsächlich im Laufe der nächsten Tage in den Leoparden-Koffer ergießen.

»Und damit willst du ernsthaft Leute therapieren?«, fragte ich meine Mutter mit Blick auf das Chaos in dem Gepäckstück.

»Nicht ›Leute‹ therapieren«, sagte sie. »Ich therapiere mich!«

»Was?!« Ich sah entsetzt zu, wie sie einen Dildo in den Koffer legte.

»Bevor ich irgendwen anders therapieren kann, muss ich erst mal bei mir anfangen. Das gehört zur Ausbildung.« Sie zuckte mit den Schultern.

»Du brauchst die ganzen Sachen also für … dich?«

»Ja, natürlich! Für *meine* Ausbildung, hab ich doch gesagt!«

Während ich meiner Mutter zusah, wie sie sorgsam einen weiteren Vibrator verstaute, den Reißverschluss des Koffers schloss, ihn auf seine Rollen stellte und in ihr Schlafzimmer zog, fragte ich mich, wie ich eigentlich gezeugt worden war. Da meine Mutter sich doch offensichtlich jetzt erst dazu entschlossen hatte, ihre Sexualität zu leben. Und zwar mit allen Mitteln, die ihr einfielen. Der Leo-Koffer hätte mir mit seiner üppigen Füllung für diverse frühe Sex-Abenteuer zur Verfügung gestanden, wenn er nur nicht meiner Mutter gehört hätte, die noch dazu seit Neustem bestens informiert war über die weibliche Lust und mit diesem Wissen auch nicht hinter dem Berg hielt. Ich, in meiner Verklemmtheit, fand das fürchterlich übergriffig und sah mich einer unangenehmen Begebenheit nach der anderen ausgesetzt.

Als ich eines Mittags von der Schule nach Hause kam, saß meine Mutter bereits in der Küche. Normalerweise war sie bis in die Abendstunden arbeiten. Ich hatte mich wie nach jedem Schultag gefreut, endlich zu Hause anzukommen und ohne Aufsicht und bescheuerte Mitschüler das tun zu können, was ich immer tat: Filme gucken, Musik hören, an Maike denken, darauf warten, dass meine Mutter nach Hause kam und mich daran erinnerte, Hausaufgaben zu machen und die Spülmaschine auszuräumen, was ich überhastet tat, um möglichst schnell wieder in mein Zimmer zurückkehren und in Ruhe an Maike denken zu können.

Aber nun war meine Mutter bereits da. Sie telefonierte, während sie in einem monströsen Bildband blätterte, der weibliche Genitalzonen aller Hautfarben, Ausprägungen und Stilrichtungen zeigte. Ein Vagina-Atlas, sozusagen. Am Telefon war, wie ich am Small Talk erkannte, ihre Freundin Betty. Betty war Künstlerin, und ihr Beruf war offenbar auch der Grund des Anrufs. Meine Mutter erzählte ihr, sie brauche da »dieses Bild«. Es sollte »so circa achtzig mal hundert Zentimeter groß sein, ja, doch, schon so groß« und »farbig, ja, gerne, und auch möglichst detailliert«. Was darauf zu sehen sein sollte, hatte meine Mutter wohl absichtlich vorerst nicht erwähnt, doch natürlich fragte Betty nach.

Meine Mutter räusperte sich, ohne dass es nötig gewesen wäre, und antwortete dann: »Na, eine Vulva natürlich!«

Mama hatte seit dieser Sex-Sache angefangen, einige Dinge als selbstverständlich vorauszusetzen, die ihre Mitmenschen unmöglich wissen konnten. Als wären seit Mamas sexueller Befreiung nun auch alle anderen auf dem gleichen Stand der Dinge. *Na klar* hatte sie jetzt einen wahnwitzig großen, leogemusterten Koffer, in dem sie Erwachsenenspielzeug aufbewahrte, *natürlich* blätterte sie seit Neustem als Freizeitbeschäftigung in Bildbänden mit Scheiden fremder Frauen, und *selbstverständlich* gab sie davon inspiriert jetzt das Bild einer Vulva in Auftrag. *Was habt ihr denn alle?*

Während ich mich fragte, worin eigentlich der Unterschied zwischen einer Scheide und einer Vulva bestand, erklärte meine Mutter ihrer Freundin, dass sie da jetzt so eine Ausbildung mache und das Bild als »Lehrmaterial« brauche.

So langsam verstand ich nicht mehr, warum sie sich einen Koffer gekauft hatte, um alles verstauen zu können. Ein handgemaltes Bild einer echten Künstlerin gab man doch nicht in Auftrag, um es dann zusammen mit Liebeskugeln und Plüschhandschellen in einem Gepäckstück aufzubewahren.

Sowenig mir diese neue versexte Seite an ihr gefiel, so sehr erkannte ich meine Mutter wieder in der Disziplin, mit der sie ihre Ausbildung verfolgte.

Dinge mit eisernem Willen zu Ende zu bringen war für Mama schon immer von größter Wichtigkeit. »Keine halben Sachen! Wenn ihr was macht, macht's richtig!« – das bläute sie meiner Schwester und mir ein. Sie gehörte damit zu den wenigen Elternteilen, die nicht rumfloskelten, wenn sie das sagten, sondern sogar selbst nach dieser Devise lebten.

Allerdings übertreibt es meine Mutter auch manchmal mit der Selbstbeherrschung. Erst kürzlich stolperte sie beim Spazierengehen über eine Baumwurzel und »verknackste« sich dabei laut eigener Aussage »ein bisschen« den Fuß. Nach zwei Wochen, in denen sie ganz normal zur Arbeit oder zum Einkaufen gefahren war, ihre Wohnung geputzt und den Balkon winterfest gemacht hatte, stellte sich heraus, dass ihr Fuß *mehrfach gebrochen* war. Die darauffolgenden Wochen eingegipster Untätigkeit waren für Mama die Hölle.

Ihre gewaltige Disziplin ist auch die Grundlage für ihre Emanzipation – als Frau im Allgemeinen und als alleinerziehende Mutter im Besonderen. Mit grenzenloser Energie und sich selbst auferlegter Strenge hatte sie nach der Trennung von meinem Vater die Rolle beider Elternteile übernommen – und füllte sie aus. Vor allem aber tat sie es so, dass Martha und ich nicht bemerkten, wie viel Kraft es ihr abverlangte. Im Gegenteil, sie war dabei sogar noch Vorbild für uns. Es gab zum Beispiel keine Geschlechterklischees für Mama; sie schmiss den Haushalt *und* hatte die Finanzen im Griff, sie war Alleinverdienerin *und* trotzdem immer für uns da, sie war handwerklich *und* künstlerisch hochaktiv. Nach getaner Arbeit genehmigte sie sich wochenends hin und wieder ein Bier vor dem Fernseher, was ja laut der entsprechenden Werbung eigentlich nur »echten Kerlen« vorbehalten war. Meine Mutter hat im Laufe ihres Lebens sämtliche Frisuren dieser Welt gehabt. Wenn man unsere Familienfotoalben durchblättert, kann man auf Mamas Kopf jede denkbare Kombination aus Haarfarbe und -form bewundern, auf jedem Foto eine andere: Armeekurzhaarschnitt, Rastazöpfe, schwarze Locken, blonde Zöpfe, rote Strähnen und so weiter, und so fort.

Mama fuhr und fährt leidenschaftlich gerne Auto. Die kürzesten Strecken, aber auch die längsten. Mit ungestümem Selbstvertrauen und Martha und mir auf der Rückbank war Mama Tausende Kilometer weit in den Urlaub gefahren. Bayern, Österreich, Dänemark, Großbritannien – sie brachte uns stets sicher ans Ziel.

Während der Fahrt hörte sie mit Vorliebe treibende Musik. So auch 2014, als wir auf dem Hoch Marthas und meiner Pubertät in den Sommerurlaub nach Südfrankreich fuhren. Eintausendzweihundert Kilometer, allein der Hinweg. Im CD-Wechsler unseres alten Ford Mondeo befand sich zu diesem Zeitpunkt nur eine einzige Single, die meine Mutter in Dauerschleife laufen ließ: »Tu Es Foutu«, ein alter Elektropopsong der italienischen Sängerin In-Grid, indem die Geschichte einer Frau erzählt wird, die keinen Bock mehr auf ihren so unehrlichen wie unzuverlässigen Mann hat und ihn deshalb erledigen möchte. Ironisch untermalt wird das Ganze von einem fröhlichen Akkordeon und einem schlichten Housebeat. Angesichts der schon lange zurückliegenden Trennung meiner Eltern ungemein interessant, dass Mama gerade diesen Song mit gerade diesem Sujet so exzessiv hörte, während wir durch die provenzalischen Lavendelfelder fuhren.

Irgendwie war es meiner Mutter gelungen, uns für sehr wenig Geld in einer Ferienunterkunft am südfranzösischen Alpenrand einzubuchen. Sie zeigte uns Fotos von einer Art Berghütte, schlicht und einfach gebaut, hoch und einsam gelegen.

Vor Antritt der Reise hatte ich mich in pubertärer Pauschalunlust darüber ausgelassen, dass ich mit einem gemeinsamen Urlaub dort oben »im Nichts und Nirgendwo« nur meine Sommerferien verschwenden würde. Ich war kurz davor gewesen, einfach alleine zu Hause zu bleiben – bis Maike ein paar Tage später bei einem Treffen erwähnte, dass sie im gleichen Zeitraum mit ihrem geleckten Freund nach Andalusien fahren würde. Das änderte natürlich alles. Was hielt mich noch in Deutschland, wenn Maike fort war? Und: Vermissen und Liebeskummer passten viel besser zur Abgeschiedenheit der Berge – ich entschloss mich in letzter Minute, doch noch mitzukommen. So begaben Mama, Martha, In-Grid und ich uns auf die Reise.

In der alpinen Einöde angekommen, stieg ich aus dem Auto und schämte mich für meine anfängliche Stänkerei. Es war traumhaft hier oben. Vom bodentiefen Wohnzimmerfenster der in den Fels gebauten Berghütte aus hatte man einen scheinbar endlosen Blick auf die Verdonschlucht, die umliegenden himmelblauen Bergseen, die goldschimmernden Täler und die Hochebenen mit ihren unzähligen üppigen Lavendelfeldern, die wir schon auf der Hinfahrt bestaunt hatten, deren Geruch uns seitdem latent begleitet hatte und sich jetzt mit der klaren Bergluft vermengte. Hier oben zu sein hatte etwas Wunderbares und aufgrund der Einsamkeit zugleich etwas sehr Melancholisches. Offenkundiger konnte es nicht sein, dass Mama dieses Domizil gebucht hatte: nie zu perfekt; wunderbar, aber auch melancholisch.

Dabei wurde es entgegen diesem Prinzip – und vor allem entgegen meiner Annahme zu Beginn – ein herrlicher Urlaub. Die südfranzösische Lebensart, die klaren Badeseen, der vielschichtige Duft der Natur, die kräftige Sonne, das mediterrane Essen – endlich konzentrierte mein Hirn sich wieder auf Vergnügliches. Über Stunden vergaß ich, dass ich eigentlich unglücklich verliebt war. Zu Hause wären diese langen Zeiträume der Erholung undenkbar gewesen. Nun steigerte ich mich mit größter Lust hinein in diesen Urlaub, in den Genuss, ich blühte auf, fast war mir, als hätte ich mich neu verliebt, als wäre Maike passé und ich endlich glücklich mit einer anderen, mit *ihr*, der Provence. Wie leicht sich das Leben auf einmal anfühlte in dieser alles egal machenden Höhe und Weite.

Doch abends, wenn die Sonne untergegangen war und die Luft draußen schlagartig kalt wurde, lag ich auf meinem Bett in der Berghütte und dachte wieder nur an Maike. Was sie wohl gerade tat? Zusammen mit dem schönen Thomas, in Spanien, im andalusisch verstärkten Glück der Zweisamkeit. Hier oben gab es kein Internet, nicht mal Handyempfang. Ich konnte nichts senden, nichts empfangen. Das, was mich tagsüber so entspannte, wurde nun zur Qual. Maike fehlte, war noch unerreichbarer als sonst. Und mein Hals tat wieder so weh, der Rachen war seltsam angeschwollen. Trotz der klaren Luft konnte ich kaum atmen, und wenn ich einschlief, fühlte es sich an wie ein Erstickungstod. An den Morgen darauf, wenn ich durch die ins Fenster stechende Sonne geweckt wurde, spürte ich noch ein paar Nachwehen in meinem Hals, doch schon bald machte die Pracht des Tages wieder jeden Schmerz und jeden dunklen Gedanken vergessen.

Es war der letzte große Urlaub, den wir als Familie unternahmen, bevor ich von zu Hause auszog. Leider zog ich nicht in die Provence.

———

Früher, wenn meine Mutter mit Martha zur Ergotherapie oder zu irgendeiner anderen Behandlung gefahren war, mitunter mehrmals die Woche, und ich alleine zu Hause bleiben durfte, tat ich Verbotenes. Ich sah unkontrolliert fern. Die Popkultur in all ihren medialen Ausprägungen war für mich der wichtigste Zufluchtsort, wenn ich traurig war – zum Beispiel, weil die Horrorzwillinge mich in der Schule traktiert hatten oder weil ich in der Öffentlichkeit mal wieder weniger Aufmerksamkeit bekommen hatte als Martha, obwohl ich doch ausgesucht lustig und liebenswürdig gewesen war. An solchen Tagen versank ich, tauchte ich ein in jede Fiktion, die sich mir anbot, in Buchform, als Hörspielkassette – oder eben, wie an den Nachmittagen, die im Zeichen von Marthas Therapie standen, beim heimlichen Fernsehen.

Vor allem Super-RTL, das Programm, das ich eigentlich nicht gucken durfte, auch nicht unter Aufsicht, weil es laut meiner Mutter Sendungen brachte, die »sogar noch beknackter als der Name ›Super-RTL‹ selbst« waren. Da hatte sie recht, die Sendungen waren allesamt vollkommen ballaballa, billig eingekauft aus Kanada oder den USA, in seltenen Fällen gerettet durch eine liebevolle deutsche Synchronisation. Super-RTL einzuschalten reizte mich einzig und allein, weil es mir verboten war. Natürlich achtete ich darauf, den Fernseher rechtzeitig wieder auszuschalten, damit er kalt war, wenn meine Mutter nach Hause kam und nachfühlte, ob ich mich an ihm vergangen hatte.

Auf Super-RTL gab es schräge Sendungen wie *Caillou*, eine Zeichentrickserie über ein glatzköpfiges Vorschulkind; oder *Art Attack*, eine Bastelsendung, die regelmäßig einen mysteriösen »weißen Bastelkleber« bewarb, den man nirgendwo in Deutschland kaufen konnte; oder, in meiner Wahrnehmung am allerseltsamsten: *Angela Anaconda*, eine animierte Serie, in der alle Figuren nicht etwa mühevoll gezeichnet, sondern frankensteinartig aus verschiedenen Fünfzigerjahre-Katalogfotos zusammengesetzt waren. Hier hatte man einen Kopf ausgeschnitten, da einen Torso, dort Arme und Beine – und dann einfach alles zu einer obszönen »Figur« zusammengeklebt. Auch Angela, die Hauptfigur, hatte das harte Los, ausschließlich aus fremden Körperteilen zu bestehen. Statt diese pikante Tatsache in der Serie zu thematisieren, verlegten die Macher den Fokus auf die Fehde zwischen Hauptfigur Angela und ihrer Antagonistin, der Oberzicke Nanette Manoir. Dafür, dass beide erst im Grundschulalter waren, muteten ihre Dialoge und ganz allgemein ihre Probleme wahnsinnig erwachsen an. Sie zankten sich in fast jeder Folge um einen blauhaarigen Typen namens Johnny und nannten sich deutlich öfter, als es nötig und logisch gewesen wäre, beim vollen Namen. Außerdem hatte man allen Figuren eine Reihe an Pseudo-Charaktereigenschaften aufgedrückt, ein unbeholfener Versuch, die kleinen Katalogfotomonster zugänglicher und nahbarer erscheinen zu lassen. Angelas »Eigenart« war es beispielsweise, in emotionalen Momenten nur noch Alliterationssätze bilden zu können: »Diese niederträchtig-nervige Nanette!« Doch nicht nur die niederträchtig-nervige Nanette war Angelas Gegenspielerin; sie zoffte sich auch andauernd mit ihrer Klassenlehrerin Mrs. Brinks, die allem Anschein nach (maskuliner Körperbau, Perücke, Männerstimme) transident war – offen thematisiert wurde dieser Aspekt allerdings wieder nicht. Stattdessen ließ man Mrs. Brinks häufig und gerne darüber erzählen, dass sie und ihr Mann in ihrer Freizeit mit Vorliebe FKK machten. Manchmal sah man das sogar.

»Angela Anaconda« kann in vielen Punkten beispielhaft für alle Serien stehen, die während meiner Kindheit auf Super-RTL liefen: schwer erkennbare Dramaturgie, grundlose Hektik, seltsame Figuren, wenig kindgerechte Sprache und Konflikte, liederliche Produktion und verdrogter Humor. Mittlerweile kann ich gut nachvollziehen, warum meine Mutter mich vor Super-RTL zu schützen versuchte. Damals jedoch lenkte es mich zuverlässig ab von all den Sorgen, die mir meine mitunter gemeinen Mitschüler und die Behinderung meiner kleinen Schwester bereiteten.

Dass ich mich heute noch so gut an die Einzelheiten der Super-RTL-Produktionen erinnern kann, ist ein Indikator dafür, wie sehr ich mich vor über fünfzehn Jahren in die (eigentlich verbotenen) Inhalte vertieft haben muss.

Den Kinderkanal hingegen erlaubte Mama mir. Und das, obwohl dort seit meiner frühen Kindheit eine Sendung lief, die in ihrer irren Absonderlichkeit eigentlich auch zu Super-RTL gepasst hätte: Die *Teletubbies*. Feuilletonisten und Psychologen haben sich gleichermaßen an dieser Produktion abgearbeitet und bereits alles Wesentliche zu ihr gesagt, mir bleiben nur zwei Dinge hinzuzufügen.

1. Als Kleinkind liebte ich die Teletubbies. Ich liebte alles an ihnen. Ihren Pudding, ihren Toast, ihren Staubsauger Nono, das gut gelaunte Baby in der Sonne, und natürlich liebte ich auch Tinky-Winky, Dipsy, Lala und Po, die Teletubbies selbst – wobei Po mein Lieblingsteletubbie war. Und das Beste an der ganzen Sache: Mama ließ mich jede Folge sehen, denn sie liebte die Teletubbies ebenfalls. Eingebettet in das öffentlich-rechtliche Qualitätsprogramm des Kinderkanals, nahm sie die Teletubbies gar als »ausgefallen, verrückt und witzig« wahr, und mehr noch: Sie fand die alienhaften Figuren »süß« und begrüßte es, dass sie in einer so »schönen Naturlandschaft« auftraten. Und damit wären wir beim:

2. Teletubbieland. Dieses saftige, grasüberwucherte Tal mit seinen fröhlich hoppelnden Kaninchen, den viel zu bunten Blumen, mittendrin die begrünte Kuppel des Teletubbie-Hauses – all das gab es wirklich, ganz in

echt, nichts davon kam aus dem Computer. Im Internet stieß ich auf die genauen Koordinaten des Drehortes. Er lag in einer sehr ländlichen Gegend Englands. Für das Teletubbieland hatte man dort eigens ein riesiges Tal ausgebaggert und mit einer großen Menge Rollrasen ausgekleidet. Auf alten Satellitenbildern aus der Zeit, in der man die Sendung noch produzierte, konnte ich die charakteristische Hügelfläche ganz genau erkennen. Auf aktuellen Bildern allerdings ist an selber Stelle, dort im Tal, wo die Teletubbies ihr Haus hatten, nur noch ein See zu finden. Man hatte das Teletubbieland, als man keine Verwendung mehr dafür finden konnte, einfach geflutet.

Hatte das Symbolkraft? Würde durch die vielen Veränderungen, die das Erwachsenwerden mit sich brachte, jetzt nach und nach die heile Welt meiner Kindheit unter Wasser gesetzt und zum Verschwinden gebracht?

Ich hatte das Telefonat meiner Mutter mit ihrer Freundin Betty mittlerweile vergessen und erschrak heftig, als ich am ersten Tag nach den Sommerferien von der Schule nach Hause kam. Im Flur vor meinem Jugendzimmer hing das riesige Bild einer Vulva. Detailverliebt und in Ölfarben. Von der Vulva ging deshalb ein beißender Geruch aus. Eins stand fest: Freunde, erst recht Maike, würde ich mit diesem Bild im Flur nicht mehr nach Hause einladen können. Die Vulva musste augenblicklich weg. Doch bevor ich mich an ihr zu schaffen machen konnte, hörte ich die Stimme meiner Mutter direkt hinter mir und erschrak ein weiteres Mal.

Sie hatte mich wohl schon länger beobachtet. Offenbar war sie gerade dabei gewesen, vom anderen Ende des Flures aus zu prüfen, wie das neue Bild an der Wand wirkte, als ich hereinspaziert war.

»Wie kann man sich beim Anblick einer weiblichen Scham so erschrecken, Fritz?« Eigentlich war das gar keine Frage gewesen, die sie mir da gestellt hatte. In Wirklichkeit war das bereits eine Diagnose.

Und darauf hatte ich nun wirklich keine Lust. Gleichzeitig pubertierender Sohn und unfreiwilliger Patient von Doro Schaefer, der Sexualtherapeutin, zu sein.

»Das kannst du doch hier nicht aufhängen!«, platzte es aus mir heraus.

»Du siehst, ich kann«, antwortete meine Mutter belustigt.

»Wie soll ich denn hier noch Freunde herbringen, wenn im Flur eine Scheide hängt!«

»Eine Vulva, Fritz! Es ist eine Vulva, die du hier abgebildet siehst!«, sagte meine Mutter. »Die Scheide ist nur ein Teil der Vulva.«

Ich war drauf und dran, mir die Finger in die Ohren zu stecken, um nicht hören zu müssen, was meine Mutter mir da erklärte. Selbst wenn ich gerade endlich den Unterschied zwischen Scheide und Vulva erklärt bekommen hatte.

Das Bild blieb hängen.

150

Kapitel 8

Der Sommer 2015. Es waren drei Jahre vergangen, in denen ich es nicht fertiggebracht hatte, Maike mitzuteilen, dass ich in sie verliebt war. Ich hatte es auch längst aufgegeben, herausfinden zu wollen, warum ich sie so toll fand. Es war eben einfach so. Maike war die Richtige für mich. Sie würde das schon noch begreifen. Und bis es so weit war, hielt ich unsere »heterosexuelle beste Freundschaft« aufrecht, um ihr weiterhin so nah wie möglich zu sein. Allerdings versuchte ich noch immer, sie mit hingebungsvoll geplanten Ausflügen, teuren Abendessen, aufwendigen Geschenken und natürlich mit Pfefferminzbonbons von mir zu überzeugen. Sie nahm zwar alles dankend an, fuhr danach aber trotzdem zum schönen Thomas. Das konnte ich nicht verstehen. Denn wie sich auf weiteren Partys und bei zufälligen Begegnungen herausgestellt hatte, war der Kerl, von seinem unwirklich schönen Äußeren abgesehen, absolut langweilig. Vor allem, weil er kaum ein Wort sagte. Möglicherweise hielt er das für lässig, vielleicht war sein Wortschatz auch nicht groß genug, darüber ließ sich nur schwer urteilen, solange er – ein Teufelskreis – so wenig sprach.

Zu meiner Genugtuung meldete Maike sich häufig bei

mir, wenn sie jemanden zum Reden brauchte. Wie mir nach und nach auffiel, holte sie sich im Grunde sogar alles bei mir, was sie bei Thomas nicht bekam: Intellekt, Witz, vollständige Sätze in deutscher Sprache. Alle anderen Aufgabenbereiche, all die Dinge, die nach einem Ausflug oder Abendessen hätten passieren können, blieben mir verwehrt. Ich tröstete mich mit dem Gedanken, die dafür nötige Genügsamkeit sei eine Investition, die nötig war, um Maike dann final doch noch zu erobern.

Wir hatten gerade den Schulabschluss hinter uns. Nach zwölf Jahren, in denen Stundenpläne, sosehr ich sie auch hasste, mir Struktur und Halt gegeben hatten, wusste ich mit der neu gewonnenen Freiheit und den vielen Möglichkeiten nicht so recht etwas anzufangen.

Maike schien es ähnlich zu gehen; sie fragte mich, ob ich Lust hätte, gemeinsam mit ihr an die Nordsee zu fahren. Warum mit mir und nicht mit Thomas? Stimmte irgendetwas nicht bei den beiden? Na ja, selbst wenn, das brauchte mich doch nicht zu kümmern – natürlich hatte ich Lust! Große Lust sogar!

Das würde zwar wieder eine dieser Unternehmungen werden, bei denen es sich anfühlte, als wären wir ein Liebespaar – und abends würde ich doch wieder alleine im Bett liegen –, aber na ja, nun denn, immerhin – ab an die Nordsee. Ungewöhnlich war nur, dass hier ausnahmsweise nicht ich den Ausflug geplant hatte.

Wir fuhren mit dem Auto, das Maike zum achtzehnten Geburtstag bekommen hatte. Ein Audi-Neuwagen. Für diesen Umstand hätte ich Maike eigentlich gehasst, wäre ich nicht in sie verliebt gewesen. Was gingen mir diejenigen Altersgenossen auf die Nerven, die von ihren Eltern alles hinterhergeschmissen bekamen, was man mit Geld kaufen konnte: Autos zur Volljährigkeit, Studienplätze an privaten Hochschulen, die teure Wohnung in der Unistadt. Wie schön und schrecklich zugleich das sein musste, wenn man nicht durch Eigenleistung, sondern durch reiche Eltern im Leben vorankam – im Falle eines Neuwagens sogar buchstäblich. Zwar arbeitete ich schon für die Zeitung und machte hier und da eine Hörspielproduktion, aber für ein eigenes Auto oder eine eigene Wohnung reichten meine Honorare bei Weitem nicht.

Einerseits war ich froh, dass ich die Chance hatte, mir noch selbst etwas zu erarbeiten – anderseits kotzte es mich an, weil ich wusste, dass ich mir die Sache schönredete. Ich, der ich noch keine Ahnung hatte, was nach dem Abi kommen sollte; der ich noch keine Idee hatte, wie ich mir irgendein Studium finanzieren sollte; der ich von Haus aus gewohnt war, dass wir mit dem Gehalt meiner Mutter gerade so über die Runden kamen. Und damit meine ich nicht diese in Sepiafarben getauchte Til-Schweiger-Film-Art, gerade so über die Runden zu kommen, bei der man (wie traurig!) in einem Fabrikloft voller weißer Wolldecken und warm scheinender Tischleuchten wohnt, weil man keine »richtige Wohnung« abbekommen hat, und (mir kommen die Tränen!) einen stylischen Oldtimer fahren muss, da es für ein »anständiges Auto« nicht gereicht hat. Ich meine diese bekackte Drecks-Art, gerade

so über die Runden zu kommen, ganz ohne Grußkarten-
hoffnung, anstrengend und trist. Zwar war unser Kühlschrank immer voll, das war Mamas größtes Anliegen,
aber bei Klassenfahrten wurde es finanziell eng. Eng war
auch unsere viel zu kleine Mietwohnung. Als ich ab dem
zwölften Lebensjahr in die Höhe schoss, kamen wir mit
dem Klamottenkauf nur sehr schwer und höchstens preis-
wert hinterher. Urlaubsreisen wie die nach Südfrankreich
waren ein seltener Riesenluxus. Als unsere Waschmaschi-
ne kaputtging, gab es eine Krisensitzung am Esstisch. Eine
vernünftige Tageszeitung war auf Dauer viel zu teuer. Nur
eine einzige privilegierte Ausnahme hat es in meinem Fall
gegeben: den Führerschein. Meine Mutter bestand darauf,
ihn mir zu bezahlen. Sie fuhr ja selbst so leidenschaftlich
gern Auto – und das Wort »Führerschein« war für sie
gleichbedeutend mit dem Wort »Freiheit«. Und die wollte
sie mir unbedingt ermöglichen. Doch ich haderte, dieses
teure Geschenk anzunehmen. War ich selbstbewusst und
lernfähig genug, die beiden Prüfungen im ersten Anlauf
zu bestehen? Andernfalls würden zusätzliche Kosten auf
meine Mutter zukommen; allein die praktische Prüfung zu
versemmeln und sie zu wiederholen würde fünfhundert
Euro kosten. Nach reiflicher Überlegung entschloss ich
mich, es zu versuchen und dabei so wenig Fahrstunden
wie nötig in Anspruch zu nehmen. Und tatsächlich lief
so weit alles wie am Schnürchen, ich bestand den theo-
retischen Teil, und der Fahrlehrer zeigte sich während der
Übungsstunden sehr zufrieden mit mir.

Am Tag der praktischen Prüfung allerdings überkam

mich eine unerwartete und gleichermaßen unerträgliche Aufregung. Ich glaubte, alles zuvor Erlernte vergessen zu haben. Welches Vorfahrtsschild zeigte noch mal an, dass *ich* Vorfahrt hatte? Das gelb-weiße oder das rot-weiße? Wie war das mit der Kupplung? Betätigte man die mit dem rechten oder dem linken Fuß? Ich machte mir fast in die Hose, wenn ich daran dachte, dass ich gleich auf die Autobahn würde fahren müssen – mit Menschen an Bord, die von ihrer Familie wahrscheinlich sehr geliebt wurden und deren Leben ich mit meinem Nichtkönnen gefährdete. Von diesen gnadenlosen Selbstzweifeln begleitet, stieg ich ins Fahrschulauto.

Wir waren zu viert. Neben mir auf der Rückbank saß ein gemütlicher Prüfer mit kurzärmeligem Karohemd unter der beigen Freizeitweste, auf dem Beifahrersitz hatte der Fahrlehrer Platz genommen, und am Steuer richtete sich gerade ein weiterer Prüfling ein; er sollte den Anfang machen. Während er dann fuhr, nickten der Lehrer und der Prüfer hin und wieder lächelnd, auch der Schüler selbst schien sehr heiter und entspannt zu sein, er wusste offenbar ganz genau, was er tat. Das befeuerte meine Aufregung nur noch mehr.

Als ich drankam, hatte ich mein Shirt bereits durchgeschwitzt. Meine Gedanken waren keine Gedanken mehr, sie waren ein Hornissennest, wild, laut und voller Gefahren. Direkt zu Beginn würgte ich den Wagen ab.

»Das kann schon mal vorkommen, einfach noch mal probieren«, knödelte der Westenträger wohlwollend von der Rückbank.

Ich startete das Auto erneut, diesmal mit Erfolg. Der Prüfer wies mich an, von dem Parkplatz, auf dem wir für den Fahrerwechsel haltgemacht hatten, rechts auf eine Straße abzubiegen. Ich tat wie mir geheißen, ich fuhr an und bog ab, sehr lässig und überraschend ruhig, wie ich fand. Doch die Hände meines Fahrlehrers nebenan auf dem Beifahrersitz krallten sich plötzlich an seiner Jeans fest. Im Augenwinkel sah ich, dass er auch seine Halssehnen extrem angespannt und die Augen weit aufgerissen hatte. Dabei blieb er ganz stumm. Was war denn mit dem los? Der Prüfer auf der Rückbank jedenfalls hatte nichts zu bemängeln, er pfiff leise vor sich hin, und darauf kam es ja an. Ich fuhr weiter.

Nach den Startschwierigkeiten legte sich meine Aufregung. Langsam kehrten die Vernunft und alles Erlernte ins Gedächtnis zurück – und so schaffte ich es, uns vier unbeschadet ans Ziel zu bringen. Gespannt auf das Urteil des Prüfers und mit komplett nassen Klamotten stieg ich aus dem Auto aus.

»Für Sie beide ...«, sagte der Prüfer zu mir und dem anderen Schüler, »... habe ich hier ein ›B‹ für ›bestanden‹ auf meinem Bogen vermerkt.« Ich legte einen spontanen Freudentanz auf dem Hinterhof der Prüfungsstelle hin. Wie erleichtert ich war! Wie euphorisch! Der Führerschein – bestanden und kostenminimiert!

Der Prüfer gratulierte uns mit Handschlag, strich seine Weste glatt und verschwand im Gebäude. Ich sah unseren Fahrlehrer an. Sein Gesicht war ausdruckslos. Wie schon beim Verlassen des Parkplatzes zu Beginn meiner Prüfung fragte ich mich, was mit ihm los war. Konnte der sich nicht wenigstens ein bisschen für seine bestandenen Schüler freuen?

»Du hast das toll gemacht. Glückwunsch«, sagte er seltsam emotionsarm zu dem anderen Prüfling, der etwas verlegen lächelte. »Und du ...«, jetzt wandte sich der Lehrer an mich, und es schien, als würde er langsam vor Wut anschwellen, »... du bist schuld, wenn ich eines frühen Todes sterbe! Ich hätte beinahe einen Schlaganfall bekommen, so sehr musste ich mich zusammenreißen, nichts zu sagen!«

»Was hab ich denn gem...«, begann ich, doch er ließ mich nicht ausreden. Nichts war von seiner sonst so gelassenen Art übrig. Jetzt musste raus, was sich offenbar angestaut hatte.

»Direkt am Anfang, da am Parkplatz, da hattest du großes Glück, dass der Prüfer noch mit seinem Klemmbrett zugange war und nicht hochgeguckt hat! Sonst hätte er nämlich gesehen, wie du beim Abbiegen über die rote Ampel gefahren bist!«

Vorbei war es mit meiner Karriere als selbstbewusster Autofahrer. Im Gegensatz zu meiner Mutter fuhr ich eher ängstlich, an guten Tagen einfach nur zweckmäßig.

All diese Gedanken und Erinnerungen war ich nun, da ich neben Maike im dekadenten Neuwagen saß, bereit zu verdrängen. Sie war wieder so lustig, sie roch wieder so gut, sie lächelte wieder so erwachsen, während draußen die Sommerlandschaften vorbeiflogen. Saftige Wiesen hier,

leuchtendes Getreide dort, vor uns verwischtes Rasant-
grau, über uns konstant blauer Himmel. Von unserer Heimatstadt aus waren es gute vier Stunden bis zur Nordsee-
küste, wir lutschten Pfefferminzbonbons, hörten Maikes
Chartmusik, und zwischen den Songs tat ich, was ein paar
Jahre später mein Beruf werden sollte: Ich erzählte Inter-
essantes und Lustiges über die Musik, die Leute und das
Leben:

»David Guetta«, rief ich beispielsweise nach dem Ende
eines Tracks aus, »die schönste Blondine der gesamten
House-Branche! Rein handwerklich allerdings schon immer 'ne faule Sau gewesen, muss man sagen. Wenn der seinen USB-Stick verliert, ist er aufgeschmissen am DJ-Pult.
So, wir gucken mal auf die Straßen! Düdüdü – Stauschau!
Mit Ausnahme eines unverbesserlichen Mittelspurschlei-
chers vor uns auf der Autobahn: alles frei! Wir machen
weiter mit – na klar, wem sonst – Sean Paul!«

Maike gefiel das sehr.

»Wohin genau fahren wir eigentlich?«, fragte ich Maike
irgendwann, als ich keine Lust mehr auf Radiomoderator-
spielen hatte.

»Keine Ahnung«, gluckste sie. »Ich würde sagen, wir
fahren einfach die A31 hoch und halten an, wenn wir irgendwas Nordseeähnliches sehen. Deal?«

»Na gut«, sagte ich und blickte wieder versonnen aus
dem Fenster, die Stirn an die Scheibe gelegt. Ich mochte es, wenn sie von »wir« sprach und damit mal nicht
sich und Thomas meinte, sondern uns beide. Maike und
ich gemeinsam unterwegs, mit jeder Sekunde entfern-

ten wir uns von der postscholaren Depression und von Thomas.

»Wie schön, einfach mal rauszukommen und einen guten Freund zum Reden dabeizuhaben«, seufzte Maike.

»Klar«, sagte ich. Ich bezog das »einfach mal rauszukommen« auf die bedrückende Orientierungslosigkeit, in der wir uns gerade nach dem Abschluss befanden; ohne die Schule saß man ja den ganzen Tag zu Hause rum. Den Teil mit dem »guten Freund« ignorierte ich. Überhaupt war ich dazu übergegangen, es zu ignorieren, wenn Maike mich durch Nebensätze in die Friendzone verbannte, um auf diese Weise klarzustellen, dass trotz unserer vielen intensiven Treffen immer noch Thomas ihr fester Freund war.

»Wieso ist das klar?« Maike klang unerwartet gereizt und unsicher.

»Na, wegen der momentanen Situation«, erwiderte ich.

»Welche momentane Situation denn?«, fragte sie noch argwöhnischer. Ihre Hände umkrallten das Lenkrad. Ich beschied mich, schnell und ausführlich zu antworten, bevor sie vor lauter Überspannung einen Unfall baute.

»Die momentane Situation, jetzt gerade, so nach dem Abi, die vielen Möglichkeiten, die vielen Erwartungen, der große Druck, die fehlende Struktur, die gähnende Leere, was soll ich studieren?!«

»Ach so, das meinst du.« Sie klang erleichtert. »Ja, da hast du natürlich recht.«

»Was dachtest du denn, was ich meine?«, fragte ich.

»Wie?«

»Wie wie?«

»Mann, Fritz!«, stöhnte sie aufgebracht.

Hatte ich irgendwas Falsches gesagt? Warum wollte Maike denn dann diesen Ausflug machen, wenn nicht zur Ablenkung angesichts der Unentschlossenheit und des fehlenden Antriebs nach dem Abi? Was ging hier vor sich?

»Ähm … Also, warum gefiel dir die Idee, heute rauszufahren und jemanden zum Reden dabeizuhaben?«, fragte ich vorsichtig.

Maike schwieg zunächst ein paar Sekunden. Dann öffnete sie den Mund, atmete ein und schloss den Mund wieder.

Ich setzte gerade an, meine Frage etwas lauter zu wiederholen, da fiel sie mir hart ins Wort.

»Okay, ich sag's dir! Aber du musst versprechen, es nicht weiterzuerzählen!«

»Ich versprech's!« Ich hatte wie aus der Pistole geschossen geantwortet, so sehr wollte ich jene offenbar intime Information aus Maikes Leben hören.

»Ich … Ich hab den Thomas betrogen«, sagte Maike, die Augen starr nach vorne auf die Straße gerichtet.

»Du hast was?!«, platzte es aus mir heraus.

»Ich … Ach, du hast mich schon verstanden«, murmelte sie.

Am liebsten wäre ich aus dem fahrenden Auto gesprungen. Es war gar nicht so sehr die Tatsache, dass Maike Thomas betrogen hatte, die mich so entsetzte – ich hätte ihn an ihrer Stelle vermutlich auch irgendwann betrogen. Was mich so fertigmachte, war die Tatsache, dass Maike ihn nicht mit *mir* betrogen hatte. Da bot ich ihr schon alles, was Thomas ihr nicht bieten konnte, und dann hüpfte sie trotzdem noch mit einem anderen ins Bett? Mein Plan, mich bei voller Fahrt aus dem Wagen zu stürzen, wurde nur durchkreuzt von aufkommenden Mordgelüsten, diesen unbekannten Dritten betreffend.

»Mit wem?«, fragte ich kieksend vor Entsetzen.

»Ist doch egal!«

»Du sagst mir jetzt sofort, mit wem!«

So wütend und so laut war ich in Maikes Gegenwart noch nie geworden. Aber was fiel ihr auch ein, hier auf geheimnisvoll zu machen?! Sie hatte ihren Freund betrogen! Und vor allen Dingen irgendwie auch mich! Das war furchtbar!

Sichtlich eingeschüchtert, setzte Maike zur Antwort an.

»Mit … einem aus der Nachbarschaft«, sagte sie.

»Sag mir den Namen!«, rief ich. Ich hörte mich an wie die betrogene Ehefrau in einer drittklassigen Telenovela, aber das war mir in meinem Furor egal.

»Robin«, antwortete Maike kleinlaut. »Robin aus der Nachbarschaft.«

Robin aus der Nachbarschaft also. Der kam sofort auf meine imaginäre Todesliste. Ich würde ihn ausfindig machen und eigenhändig erledigen, zur Not auch gemeinsam mit Thomas. Maike riss mich aus meinen Mordfantasien.

»Und mit einem vom Zirkus«, sagte sie. »Bevor du fragst, er heißt Mario.«

War das gerade wirklich passiert? Hatte sie das tatsächlich gesagt? Noch jemand?! Mario vom Zirkus?! Das Wesen neben mir auf dem Fahrersitz konnte unmöglich Maike sein. Die Maike, in die ich mich vor über drei Jah-

161

ren verliebt hatte, die liebe, lustige, anständige Maike mit dem sommerlichen Gemüt, dem babyfacigen Vater und der rustikalen Babsi als Mutter, jedenfalls diese Maike, sie hätte niemals solche Dinge von sich gegeben, geschweige denn getan!

»Sei bitte nicht sauer!«, flehte sie. »Glaub mir, ich schäme mich schon in Grund und Boden! Aber der Mario und ich, wir fanden uns schon als Kinder immer so toll. Der kommt jedes Jahr mit seiner Familie zu uns in die Stadt. Die bauen ihr Zelt immer auf der Wiese vor unserem Haus auf. Und Robin und ich, wir waren betrunken. Das war nach Jules Geburtstagsparty vor zwei Wochen.«

Sie brabbelte vor sich hin, so als würde die Informationsfülle den eigentlichen Tatbestand verdaulicher machen. Bitte schön, ja, gewiss doch war es Maikes gutes Recht, sich in der Blüte ihres Lebens auszuprobieren, sich mit verschiedenen Typen die Zeit zu vertreiben, zumal bei diesem seelenlosen Schönling als Freund! Das alles war ich ja noch bereit einzusehen – aber dass sie mir nicht mal die Chance gab, zu beweisen, dass ich am Ende all ihrer Ausprobiererei der einzig Richtige für sie war, dass sie obendrein öfter als nötig betonte, wie gut wir »befreundet« waren, das alles konnte an Ungerechtigkeit nicht mehr überboten werden. Befreundet am Arsch! Das hatte Oma Hasi also gemeint, als sie mich damals vor Leuten vom Zirkus warnte. Im Grunde war das hier wie mit den reichen Eltern und den teuren Geschenken. Andere hatten es, unfairerweise und ohne viel dafür zu tun, wesentlich leichter, während ich hart arbeitete und trotzdem weniger erreichte. Innerlich kam ich aus dem Schreien und Brüllen nicht heraus, äußerlich aber war ich mittlerweile wieder ganz ruhig.

Ein paar Minuten nachdem Maike ihren Monolog beendet hatte, fragte ich unerwartet beherrscht: »Wenn ich also niemandem was erzählen soll – bedeutet das, dass auch Thomas bisher nichts davon weiß?«

Maike hatte mich seit ihrem Geständnis kein einziges Mal angesehen und starrte auch jetzt weiterhin auf die Fahrbahn.

»Ja … richtig«, antwortete sie. »Bitte, sag ihm nichts, du hast es versprochen!«

So beschissen die ganze Situation auch war; die Tatsache, dass ich etwas von Maike wusste, was sie Thomas noch nicht erzählt hatte, schmeichelte mir irgendwie. Offenbar waren wir bereits in jenen Logik- und Gefühlsbereich vorgedrungen, in dem eine Information wie diese mich besänftigen und mir den Eindruck vermitteln konnte, dass doch irgendwie alles in Ordnung war. Immerhin hatte Maike es mir zuerst erzählt. Ich war also so was wie ihre Vertrauensperson. Von hier aus konnte es nicht mehr weit sein, konstruierte ich, bis sie endlich begriff, wie viel mehr als ein »heterosexueller bester Freund« ich für sie zu sein vermochte. Man konnte die Sache ja auch so sehen: Wenn Maike bereits zweimal fremdgegangen war, dann würde ein drittes Mal, vielleicht im Zuge eines Ausflugs an die Nordsee, auch nichts mehr ändern. Faszinierend, selbst in diesen schlimmen Neuigkeiten schien ich noch ein verzweifeltes Quäntchen Hoffnung gefunden zu haben.

»Dann ist das eben so«, hörte ich mich plötzlich jovial sagen. Beinahe hätte ich noch ein onkelhaftes »Kann ich absolut verstehen« hinterhergeschoben.

»Wie, echt jetzt?« Maike sah mich zum ersten Mal seit Beginn ihres Geständnisses an. So blau, diese Augen.

»Ja, ist ja eh zu spät«, antwortete ich. »Wir machen uns jetzt einen schönen Tag!« Offenbar meinte ich sogar, was ich da gerade sagte. Liebes-assoziierte Teilerblindung. Ich wollte mir jetzt *wirklich* einen schönen Tag mit Maike machen. ›Schließlich hat sie dem Treusein abgeschworen – mal sehen, was für dich dabei rausspringt‹, flüsterte eine listige Stimme in meinem Kopf. Gerade noch hatten mich die Neuigkeiten zutiefst schockiert, und jetzt, da die Verliebtheit sich wieder nach vorn in mein Bewusstsein gekämpft und wie ein rosaroter Filter vor meine Wahrnehmung geschoben hatte, sah ich den Graus gar als Schicksalsfügung zu meinen Gunsten.

Maike atmete erleichtert aus. »Ich wusste, mit dir kann man über so was reden.«

»Ja, klar«, sagte ich. Obwohl diese Bestätigung unter rein logischen Gesichtspunkten nur eine Lüge gewesen sein konnte, fühlte sie sich beim Aussprechen wieder wie die Wahrheit an. »Aber«, kam es aus meinem Mund, »ist denn irgendwas zwischen dir und Thomas nicht in Ordnung?« Offenbar wollte mein Hirn jetzt mit negativen Informationen über Thomas' und Maikes Beziehung befeuert werden, als Lohn dafür, dass es fortwährend das geistige Kunststück vollbrachte, mich noch das Gute in dieser Katastrophe sehen zu lassen. Maikes Oberkörper spannte sich erneut an. Sie biss auf ihre Unterlippe und schwieg zunächst wieder. Ich half ihr in einem Anflug von Masochismus auf die Sprünge: »Also, dass Robin aus der Nachbarschaft und Mario vom Zirkus lässige und wunderschöne Typen sind und die Betrügerei absolut wert waren, versteht sich natürlich von selbst.« Maike musste lachen.

»Na ja«, sagte sie, »Thomas ist schon toll.« Das war es nicht, was ich hören wollte.

»Aber ...«, fügte Maike hinzu – juhu, ja, jetzt würde kommen, was mein verliebtes Hirn sich erhoffte; *aber*, welch Zauber lag in diesem Wort –, »... er redet so wenig. Und ich vermute, er ist auch nicht der Hellste.«

Die Befriedigung, die mich angesichts dieser Aussage hätte überkommen können, wurde überlagert von Unglauben: Maike *vermutete* das? Sie war seit drei Jahren mit Thomas in einer Beziehung und wusste nicht sicher, wie er intellektuell so ausgestattet war?

»Ja, ist mir auch schon aufgefallen«, sagte ich.

Da war das Meer. Hinten, am Ende der Straße. Trotz des wolkenlosen blauen Himmels, der zu spiegeln sich anbot, blieb die Nordsee bei ihrem eisernen Grau.

»Wir suchen einen Parkplatz, und dann legen wir uns an den Strand!«, sagte Maike, während sie ihren Audi durch das Küstenkaff lenkte.

»An den Strand?«, fragte ich völlig überrascht.

»Ja, na klar!«

»Ich hab doch gar keine Badeklamotten dabei!«

»Wie? Wenn man bei so einem Wetter an die Nordsee

fährt, dann geht man doch an den Strand! Ich dachte, das wäre selbstverständlich! Ich hab alles dabei, Bikini, Sonnenmilch, Hut, was zu lesen.«

Strand! Badeklamotten! Daran hatte ich überhaupt nicht gedacht. Ich dachte, wir würden uns vielleicht auf eine Bank setzen und aufs Meer gucken. Oder mit einem Eis in der Hand die Promenade entlangspazieren. Aber mich bis auf die Badehose vor Maike zu entblößen, das war mir nicht in den Sinn gekommen.

»Ach«, sagte Maike fröhlich, »dann nimmst du eben deine Unterhose! Die wirst du ja wohl dabeihaben, oder?«

»Ja«, sagte ich und lief rot an. Niemals würde ich mich vor Maike ausziehen! Untreue, Nacktheit, Sexualität, ja, gerne, unbedingt, von nichts anderem hatte ich ja seit Maikes Geständnis geträumt, aber doch eben nur *geträumt* und nicht wirklich damit *gerechnet*, dass es intim werden würde zwischen uns beiden. Nach drei Jahren des unglücklichen Verliebtseins, nach so vielen Rückschlägen und Halsschmerzen war ich nicht mehr darauf vorbereitet (war ich überhaupt jemals darauf vorbereitet gewesen?), Maike fast nackt, im Bikini, zu sehen. Zumal, während ich bis auf die Unterhose entblößt am Strand neben ihr lag.

In diesem Moment wurde mir etwas Entscheidendes klar: Ich war mittlerweile nicht mehr nur in Maike selbst verliebt, sondern vor allem in meine idealisierte Vorstellung von unserer Beziehung. Verliebt in das, was ich mir in meiner kuscheligen Fantasie ausmalte, während ich in der Realität litt. So viel Energie hatte ich auf die Theorie verwendet, dass für die Praxis keine Reserven mehr übrig geblieben waren. Nun, da es zum ersten Mal darum ging, die Hosen runterlassen – nicht mal alle Hosen –, bemerkte ich, wie verklemmt ich mittlerweile wirklich war: meine katholische Erziehung, meine verkopfte Herangehensweise ans Verliebtsein, meine Mutter, die plötzlich sexueller war als ich, der ich ein unausgelasteter Pubertierender war.

Der rosarote Bewusstseinsfilter hatte nun keine Chance mehr gegen die Wahrheit: Wenn ich offenbar nicht mal in der Lage war, Maike nur in Unterhose gegenüberzutreten, wie sollte ich dann ihre dritte Affäre werden? Und wieso sollte sie sich noch für mich interessieren, wenn sie meine flache Brust und meine dünnen Oberarme gesehen hatte? Sie war mit einem Unterwäschemodel zusammen! Sie hatte sich bereits mit zwei weiteren Jungs vergnügt und nicht mit mir! Sie hatte mich anfangs für schwul gehalten! Das alles hier war sinnlos. Die Wirklichkeit war scheiße. Ich hatte nach einer Badehose gefragt werden müssen, um das zu begreifen.

Aber was sollte ich jetzt tun? Wahrheit hin, Tatsachen her – ich war immer noch verliebt. Ein Träumer, ein Klemmi, ja, alles kapiert jetzt, aber doch auch nach wie vor ein Verliebter. Das ließ sich ja nicht einfach abstellen. Und den Zeitpunkt, an dem Maike meine Liebe zu gestehen sinnvoll gewesen wäre, hatte ich lange verpasst.

Der Strand. Ich blieb angezogen, mit der absolut bescheuerten Begründung, dass mir der Wind zu stark wehe. Es war brüllend heiß. Maike hatte sich ohne Umschweife ausgezogen, den Bikini hatte sie bereits druntergehabt.

Die Sonne oder Maike – ich wusste nicht, wer mir gerade mehr Gründe zum Dahinschmelzen lieferte. Trotz der Hitze plagten mich wieder diese Halsschmerzen.

»Kannst du mir den Rücken eincremen?«, fragte mich Maike, die Sonnenmilchtube in der Hand.

»Klar«, sagte ich bemüht lässig und schluckte schwer. Gedanklich hatte ich Maike in der Vergangenheit natürlich schon unzählige Male den Rücken eingecremt. In meiner Fantasie war ich Profi-Eincremer; jeden Tag, mehrmals, cremte ich Maike imaginär ein, gerne von oben bis unten und äußerst gründlich. Aber wie schon zuvor war ich nun, da die Realität meine Vorstellungskraft einholte, vollkommen überfordert.

Zaghaft verstrich ich die Sonnenmilch auf ihrem Rücken, den Bikinibereich großzügig aussparend.

»Du musst das schon auch unter den Trägern verteilen«, kicherte Maike.

»Unter, äh, den …?«, stammelte ich.

»Unter den Trägern, genau«, ergänzte Maike.

Vorsichtig hob ich den Stoff an, dann aber, in einer Übersprunghandlung, verrieb ich die Creme sehr schnell und äußerst grob unter Maikes Bikini. Als würde ich einen Badezimmerspiegel von einigen hartnäckigen Zahnputzflecken befreien.

»Ach, eine Massage! Auch nicht schlecht!«, rief Maike mit von meinem Rubbeln durchgeschüttelter Stimme. Sie klang belustigt und aufreizend.

Mein Gerechtigkeitsempfinden, meine hormongeladene Fantasie und meine sexuelle Verkrampftheit im Wechselspiel ergaben eine zermürbende Verwirrung. Es gab mich gerade mehrmals. Einerseits war ich kurz davor, Maike daran zu erinnern, dass sie immer noch einen Freund hatte, wollte sie fragen, was sie sich dachte, etwas mit zwei anderen Typen anzufangen und sich jetzt von einem dritten eincremen und massieren zu lassen. Andererseits, fiel mir ein, war das ja ihre eigene freie Entscheidung. Und, wiederum alternativ betrachtet, war ihr Verhalten sogar eigentlich in meinem Interesse. Das alles vollständig bekleidet unter der heißen Sonne und trotzdem mit winterlich anmutendem Halsweh, neben mir *sie*, die Person, die ich seit drei Jahren schon dort, an meiner Seite, gesehen hatte und deren nackte Haut ich jetzt eincremen sollte. Rückblickend frage ich mich, wie ich es drei Stunden am Stück dort am Strand ausgehalten habe.

Völlig verdorrt und mit aufflammenden Halluzinationen leerte ich später beim Mittagessen im Ortsinnern drei große Wasserflaschen direkt hintereinander. Sowohl aus Dehydrierungs- als auch aus Gefühlsgründen dauerte es einige Zeit, bis ich mir zutraute, den starren Blick von der gummierten Häkeldecke unseres Bistrotisches abzuwenden und auf Maike zu richten. Sie saß mir gegenüber und beäugte mich mitleidig.

»Du hättest doch was sagen können«, seufzte sie. »Du bist ja ganz vertrocknet! Hättest du dich mal ausgezogen! Oder einfach was gesagt! Ich hatte auch die ganze Zeit Wasser im Rucksack!«

»Geht schon wieder«, antwortete ich und winkte ab. Meine Hand sah dabei nicht nur so aus, sie hörte sich auch so an wie die ledrige Klaue einer Moorleiche. Es knarzte leise, als ich sie bewegte. Dementsprechend ungläubig blickte Maike nach meiner Antwort drein.

Wir fuhren wieder nach Hause. Die Sonne ging tieforange über der Autobahn unter, es lief keine Musik, und wir schwiegen. Nur die Geräusche des Wagens legten sich weißrauschend auf unsere Ohren. Ich war zu erschöpft von der Sonne, der räumlichen und emotionalen Reise heute. Auch Maike schien von einer eigenartigen Melancholie befallen zu sein. Ihre Haltung, ihr Blick und ihre ungewohnte Stille deuteten darauf hin.

Nachdem wir bestimmt zwei Stunden so vor uns hin geschwiegen hatten und der Himmel nunmehr in ein dunkles Blau gehüllt war, erschreckten mich Maikes Worte wie ein Peitschenknall.

»Ich setz dich zu Hause ab, ja?«

Obwohl der Tag alles andere als nach meinen Wünschen verlaufen war, überkam mich nun die Enttäuschung darüber, dass wir nicht ewig zusammen in Maikes Auto rumfahren würden.

»Das wäre nett«, antwortete ich.

Als wir vor meinem Zuhause anhielten, sah Maike mich wortlos an. Ich erwiderte ihren Blick kurz und sagte dann: »Also tschüss. Es war … schön.«

Sie blinzelte kurz, und eine Träne fiel aus ihrem linken Auge. Sonst passierte nichts. Ein seltsamer Anblick. Maike schwieg auch weiterhin.

»Was ist denn los?«, fragte ich.

170

Sie atmete lang und zitternd ein.

»Ich will nicht nach Hause«, sagte sie schließlich.

»Wie?«

»Kann ich bei dir schlafen?«

Maike sprach heute wirklich wie die Darstellerin in einem schlechten Ruckelfilm. »Creme mir den Rücken ein«, »Uh, eine Massage«, »Hättest du dich mal ausgezogen« und nun: »Kann ich bei dir schlafen?« – solche Sätze sagte man doch nicht leichtfertig zu einem hormonell Verwirrten wie mir! Doch statt ihr genau das zu erklären, hauchte ich nur hingerissen: »Ja, klar.«

Meine Schwester und meine Mutter schliefen bereits, deshalb schlichen wir durch die kleine hellhörige Wohnung in Richtung meines Zimmers.

»Das Licht im Flur ist kaputt«, flüsterte ich. Das war eine Notlüge, mit der ich dafür sorgen konnte, dass Maike das Bild der Vulva in dieser Nacht nicht zu Gesicht bekam.

In meinem Zimmer angekommen, warf Maike ihren Schlüsselbund und ihren Rucksack auf meinen Schreibtischstuhl, zog sich erneut bis auf ihren Bikini aus und legte sich anschließend sofort in mein Bett. Okay.

»Was ist denn bei dir zu Hause los, dass du lieber hier übernachten willst?«, fragte ich vorsichtig, während ich mit dem Gedanken spielte, mich einfach wieder vollständig bekleidet neben sie zu legen. Maike starrte ins Leere. Wieder machte sie einen seltsam elegischen Eindruck. Sollte ich sie jetzt vielleicht umarmen oder so? Hatte ich etwas Falsches gesagt oder getan? Doch bevor ich mich in weiterer Unsicherheit verlieren konnte, antwortete Maike: »Nichts ist bei mir zu Hause los. Das ist ja das Problem. Da ist alles immer so schön. Zu schön. Ich halte das nicht mehr aus.«

Ich stutzte kurz. Ein Leben vor lauter Schönheit nicht mehr aushalten zu können – ungewöhnlich. Aber klar, auch das musste es ja geben. War Thomas ihr auf dieselbe Art langweilig geworden? Hatte sie ihn deswegen betrogen? *Zu schön?* Meine Mutter jedenfalls, fiel mir auf, tat gut daran, immer für bittersüße, nie gänzlich perfekte Momente in ihrem Leben zu sorgen. Vor mir auf meinem Bett lag der Beweis: Schön wurde nur, was in der direkten Nähe zum Schrecklichen lag. Nur aus dem richtigen Kontrastverhältnis ergibt sich das individuelle Gleichgewicht.

Es geschah nichts mehr in dieser Nacht. Nichts, außer dass Maike sofort einschlief und ich stundenlang kein Auge zutat, nicht fassen könnend, was an diesem Tag passiert war – und gerade noch passierte. Ich roch Maikes Haare, hörte, wie sie atmete, und war viel zu fertig und verwirrt, als dass ich diese Situation als Glück hätte begreifen können. Irgendwann sank ich in einen unruhigen Schlaf, so leicht, dass er schon wieder schwer war.

Als ich am nächsten Morgen aufwachte, war ich allein. Auf meinem Schreibtischstuhl lagen allerdings nach wie vor Maikes Rucksack und ihr Autoschlüssel. Sie war demnach noch in der Wohnung.

Meine Halsschmerzen hatten sich über Nacht ver-

172

schlimmert. Der Rachen fühlte sich dick und heiß an, von innen wie von außen. Mit der linken Hand wie im Würgegriff um meinen Hals trat ich aus meinem Zimmer und begab mich auf die Suche nach Maike.

Ich fand sie am gedeckten Frühstückstisch. Mit meiner Mutter. Im Gespräch. Die beiden schienen sich bereits eine Menge zu erzählen zu haben. Erst jetzt, da ich Maike hier sitzen sah, fiel mir ein, dass der Flur vor meinem Zimmer mittlerweile durchs Tageslicht hell erleuchtet sein musste.

»Du hast das Bild gesehen«, entfuhr es mir, an Maike gerichtet, noch bevor die beiden bemerkt hatten, dass ich in die Küche gekommen war.

»Dir auch einen schönen guten Morgen!«, sagte Mama, ohne aufzusehen, während sie sich eine Brötchenhälfte mit Marmelade beschmierte. Maike jedoch blickte mich stirnrunzelnd an. »Welches Bild denn?«, fragte sie.

Sie hatte es noch gar nicht gesehen.

»Ach, nichts«, sagte ich schnell.

»Er meint mein Bild von der Vulva. Er schämt sich dafür«, verriet mich meine Mutter. »Hängt im Flur neben seiner Zimmertür.«

Maike legte ihre Stirn in noch tiefere Runzeln und rang sich nach einigen Sekunden zu einem steifen »Oh, äh, interessant!« durch.

»Setz dich, Fritz, und iss was«, sagte Mama. »Ich habe direkt Brötchen geholt, nachdem ich im Badezimmer auf deinen Besuch getroffen bin.« Sie deutete auf Maike, die mich daraufhin fröhlich anwinkte. Ich war schlaftrunken und voller Argwohn. Was dachte meine Mutter, warum

Maike heute hier übernachtet hatte? Wieso saßen die beiden hier in so selbstverständlicher Zweisamkeit?

»Mit der Maike kann man sich gut unterhalten«, sagte Mama.

»Ich hoffe, nicht über mich«, sagte ich matt.

»Natürlich nicht«, lachte sie, »es gibt auch noch andere Themen als dich in unser beider Leben. Nicht wahr, Maike?«

Maike lachte ebenfalls. »Das stimmt!«

»Na, dann ist es ja gut.« Ich war fürs Erste erleichtert. Fürs Erste.

»Ich habe Maike gerade einen Masturbationskurs empfohlen«, sagte Mama.

Der Direktsaft, den ich zu trinken angesetzt hatte, kam mir zur Nase wieder heraus.

Meine Mutter drehte ihren Zeigefinger in der Luft neben ihrer Schläfe und schüttelte dabei den Kopf, um Maike zu signalisieren, für wie übertrieben und durchgedreht sie meine Reaktion hielt.

»So reagiert er immer bei solchen Themen«, flüsterte sie, über den Tisch zu Maike gebeugt.

»Oh ja«, rief ich, begleitet von einigen Hustern, »das ist ja auch ein ganz normales Gesprächsthema beim Frühstück mit einer Person, die man gerade erst kennengelernt hat! Ein Wunder, dass ihr noch nicht auf deinen Befehl hin beide nackt seid und den Masturbationskurs gleich hier vor Ort und nur zu zweit veranstaltet!«

Die beiden Frauen lachten. Lachten mich aus.

»Jedenfalls«, begann meine Mutter, nachdem wir alle

wieder bei ruhigem Atem waren, »ist so ein Kurs die perfekte Gelegenheit, sich ausgiebig mit der eigenen Sexualität und vor allem dem eigenen Intimbereich zu beschäftigen. Da setzt man sich mit ein paar anderen Frauen nackt im Kreis auf gemütliche Kissen, bekommt einen Kosmetikspiegel in die Hand gedrückt und guckt sich ganz genau an, wie das da unten eigentlich aussieht. Da würde man sich ja im schnelllebigen Alltag niemals die Zeit für nehmen.«

Ich funkelte meine Mutter böse an.

»Ja, ich weiß, du findest das wieder alles total übergriffig«, sagte sie.

»Vor ein paar Monaten hättest du das doch selbst noch übergriffig gefunden!«, rief ich aus. »Masturbationskursempfehlungen am Frühstückstisch, pfff!«

Maike sah belustigt zwischen uns hin und her, wie eine Zuschauerin beim Tennisturnier.

»Und überhaupt«, fauchte ich, »bisher wurde mir in deiner Beschreibung des Kurses deutlich zu wenig masturbiert, dafür, dass er diesen Namen trägt. Bisher ist das nur ein Scheidenguckkurs!«

Ich sah keinen Sinn mehr darin, noch ruhig und sachlich zu bleiben, es war ja ohnehin bereits alles völlig bizarr: das aberwitzige Gesprächsthema, der gestrige Tag in meinen Knochen und ganz generell Maikes Anwesenheit an unserem Frühstückstisch. Also konnte ich auch ruhig kurz ausrasten, fand ich.

»Fritz, wie oft soll ich es dir noch erklären?«, ächzte Mama unter der Last meiner Engstirnigkeit. »Es heißt Vulva und nicht Scheide! Die Scheide ist nur ein Teil der Vu…«

»Ja, schön!«, unterbrach ich. »Dann guckt man sich da eben die Vulva an! Aber Masturbieren ist was anderes!«

»Ach!« Mama stemmte die Hände in die Hüften. »Dann erzähl aber mal! Was ist Masturbation?«

Dass meine Mutter am Frühstückstisch plötzlich offen über Masturbation sprach, dass meine Schwester mittlerweile zur Berufsschule ging, dass die Schulzeit für mich vorbei war und dass ich den Führerschein bestanden hatte – all diese Ereignisse und Situationen fügten sich vor meinem geistigen Auge zusammen, wie bei einem Mosaik das Wort »Veränderung« formend. Ja, alles veränderte sich, das hatte ich doch bereits gemerkt! Konnte es also jetzt nicht einfach aufhören, das alles, sich zu verändern, bitte? Diese Ruhe könnte ich dann nutzen, um für mich herauszufinden, ob sich die Dinge überhaupt zum Guten oder zum Schlechten verändert hatten. So lange jedenfalls, wie alles im unaufhaltsamen Wandel blieb, solange mein persönliches Teletubbieland geflutet wurde, musste ich mich schützen. Einmal mehr verkroch ich mich in meinem Zimmer, sah Filme, hörte Musik, Hörspiele, las Bücher und Zeitschriften und flüchtete mich in die Erinnerung.

———

Jeden Dienstagnachmittag um Punkt vierzehn Uhr kam Herr Zylka zu uns nach Hause. Ein feingliedriger älterer Herr mit dünn geschliffener Brille, gestärktem Hemd und messerscharfem Rasierwasser. Äußerlich erweckte er den

Anschein eines emeritierten Mathematikprofessors – oder auch ganz einfach den Anschein dessen, was er tatsächlich war: mein Klavierlehrer. Doch wenn er den Mund öffnete und in derbem Ruhrdeutsch etwas sagte, dann entpuppte er sich als echtes Pottkind: »Heute üben wa widder dem Tschack Offenbach sein ›Orpheus inne Unterwelt‹! Ich freu mich, los geht's!«

Sein kultiviertes Äußeres stand in krassem Gegensatz zu seiner Sprache, die von herzensguter Schlichtheit geprägt war.

Herr Zylka war in Bottrop groß geworden, hatte eine Schneiderlehre absolviert, seinen Meister gemacht und schließlich doch die Entscheidung getroffen, dem bürgerlichen Leben zu entfliehen und als »Mucker« durchs ganze Land zu tingeln. Das große musikalische Talent, das man ihm schon während seiner Kindheit attestiert hatte, das aber nie gefördert worden war, konnte er fortan ekstatisch ausleben.

Wie sich dabei herausstellte, war Herr Zylka in der Lage, auf Anhieb jedes Instrument zu spielen, das er in die Finger bekam. Genauso verhielt es sich mit Notenarrangements, die er prima vista vom Blatt runterspielen konnte. In den Folgejahren seiner Entfesselung arbeitete Herr Zylka mit fast jedem deutschen Schlagerstar des zwanzigsten Jahrhunderts zusammen – als virtuoser Studiomusiker bei der Albumproduktion oder als Live-Instrumentalist auf der Bühne.

Für seinen Ruhestand war er schließlich wieder sesshaft geworden, in unserer gemeinsamen Heimat, dem Ruhrgebiet. Keine Auftritte mehr, nie wieder ein Tonstudio von innen sehen, hatte er sich vorgenommen. Nur unterrichten wollte er noch, »um nich komplett einzurosten inne Birne«.

Seit meiner frühen Kindheit hatte er mir das Klavierspiel beizubringen versucht, geduldig und freundlich, aber doch auch irgendwie verständnislos hinsichtlich der Tatsache, dass ich nicht – wie er selbst – von Anfang an fehlerfrei das Klavier bedienen und Noten lesen konnte. Er schien seine außergewöhnliche Begabung für so selbstverständlich zu halten, dass es ihm Sorgen bereitete, wie ich Vierjähriger mich mit der neuen Aufgabe abmühte.

So weit die Erinnerung. Nun, kurz nach meinem Abitur, kam Herr Zylka immer noch jeden Dienstagnachmittag in unsere kleine Wohnung. Mittlerweile hatte er es immerhin fertiggebracht, mir die Art Klavierspiel beizubringen, mit der man Omas begeistern kann. Das Notenlesen zu lernen, hatte ich immer verweigert und tat es nach wie vor; ich spielte ausschließlich nach Gehör, und Herr Zylka hatte es aufgegeben, mich dahingehend zu ermahnen. Im Laufe der Jahre war uns beiden klar geworden, dass aus mir kein Starpianist mehr werden würde. Entsprechend entspannt und gemütlich waren die Unterrichtsstunden mittlerweile geworden. Wir gerieten verlässlich ins Plaudern, und es faszinierte mich, wie Herr Zylka es schaffte, jedes Gespräch auf sein Lieblingsthema »Fisch zubereiten und essen« zu lenken. Hatte er einmal davon angefangen, war es schwer, ihn zu stoppen. »Ach, wo du grad Wochenende sachs: Am Wochenende bin ich mit Meine wieder anne Nordsee gefahren, zum Fischessen.«

»Mit Meine«, das war Herrn Zylkas Art, seine Ehefrau zu erwähnen. »Dat war wieder vom Feinsten, sach ich dir! Ich hab mich wieder durche ganze Fischbude gefressen. Schillerlocke, Matjesbrötchen, Hering, Backfisch, räudig, aber lecker, Krabben habbich auch gepult, Miesmuscheln, dat volle Programm! Dat kann man ja alles auch kalt noch gut essen! Einfach so, pur, oder auch aufn Brot. Schön dick Butter, und dann legs du da Krabben drauf oder so'n Hering, vielleicht noch Remoulade – und feddich! Lecker, sach ich dir! Lecker!«

Es gab Stunden, in denen Herr Zylka mich kaum unterrichtete und sich vorwiegend in seinen Ausführungen über das Essen und die Zubereitung von Speisefischen verlor. Nur am Ende der Stunde spielten wir noch alibimäßig ein kleines Liedchen und sangen zweistimmig dazu.

Auch wenn es nicht der eigentliche Sinn des Unterrichts war, fand ich es doch unendlich schön, dass ich mich im Leben wenigstens auf Herrn Zylka und sein allwöchentliches Fisch-Plädoyer verlassen konnte. Das war ein schönes Ritual.

Bei der heutigen Stunde schien jedoch etwas anders zu sein. Herr Zylka hatte seit unserer Begrüßung durchgängig nervös seinen Bart gestreichelt. Durch seine langen, flinken Finger, von denen jeder ein eigenes Gehirn zu besitzen schien, wirkte selbst diese einfache Streichelbewegung wie ein aufwendiges Kunststück.

Ich saß am Klavier, der Lehrer wie immer auf einem

Stuhl direkt neben mir. Unter normalen Umständen hätte Herr Zylka jetzt den Unterricht eingeleitet. Doch stattdessen ließ er von seinem Bart ab und erhob pathetisch die Stimme.

»Ich kann mich noch genau dran erinnern, wie dat war, als wir uns damals kenngelernt ham!« So getragen hatte ich ihn ja noch nie sprechen hören! »Dat war an dem Tach, als die Flugzeuge da in Ammericka in die Hochhäuser reingeflogen sind!«

»Sie meinen den Elften September?«

»Ja, genau! Elfter September zweitausneins!«

Das war eine neue Information für mich.

»Wir hatten unsere erste Unterrichtsstunde an Nine-Eleven? Kann ich mich gar nicht dran erinnern.«

»'türlich kannse dich nich erinnern!«, sagte Herr Zylka. Er schien leicht verärgert, dass ich das, was offenbar eine Art Rede hatte werden sollen, unterbrach. »Du wars ja noch ganz klein!«

Er fing nun wieder an, sich den Bart zu streicheln.

»Und jetzt bisse achzehn mittlerweile! Und ich steinalt. Und wenne erlaubs, würd ich getz ma komplett in Rente gehn. Lass ma aufhörn.«

Diese Worte trafen mich wie ein Schlag. Nach fast fünfzehn Jahren war es so selbstverständlich geworden, den Dienstagnachmittag mit Klavierunterricht zu verbringen, dass ich dachte, das würde für den Rest meines Lebens so weitergehen. Herr Zylka war für mich unsterblich – und der Dienstagnachmittag unantastbar. Dieser wiederkehrende Termin war geradezu eingefräst in meinen Biorhythmus. Was würde ich denn nun stattdessen jede Woche zu dieser Zeit tun? Ich war vollkommen ratlos. Herr Zylka schien das an meinem Gesicht ablesen zu können.

»Du bis mein letzter Schüler, Fritz«, erklärte er. »Seit Jahren schon. Wird Zeit, datt ich auch ma wirklich nur Rente mach. Keine Termine mehr. Ich will einfach ma spontan entscheiden können: So! Ich steig getz gleich ins Auto, und dann fahr ich für drei Wochen anne Nordsee! Lecker Fisch!«

Dem wollte ich natürlich nicht im Wege stehen. Im Gegenteil: Wenn ich jemandem die Freuden der Rente gönnte, dann Herrn Zylka. Doch mit ihm, schien mir, verabschiedete sich an diesem Tag auch ein großer Teil meiner Kindheit. Da war sie wieder, die Veränderung, die gnadenlos beständige. Ein Händedruck, eine kurze Umarmung, bemüht routiniert und kurz angebunden – klar, dieser Tag musste ja mal kommen, sicher, aber trotzdem die Frage: Ist das angemessen, ist es das jetzt wirklich gewesen, nach all der schönen, unbeschwerten Zeit?

Kapitel 9

Meine erste Erinnerung ist unheimlich klar. Ich sehe die grünliche Unterwasserwelt noch ganz genau vor mir: Schlammige Algen, sie wogen im Rhythmus des Wassers leicht hin und her, ein alter moderbrauner Karpfen schwimmt neugierig an mir vorbei, öffnet und schließt sein Maul, als würde er viele Male hintereinander und sehr langsam »blopp« sagen, »blopp … blopp … blopp … blopp«. Kleine Luftbläschen steigen direkt vor meinen Augen auf, kommen wohl aus meinem Mund.

Ich muss ungefähr drei Jahre alt gewesen sein, als ich in den Schwimmteich der Nachbarsfamilie fiel. Ich konnte noch nicht schwimmen und sank schnell hinunter, bis zum Grund des Teichs, wo das Grün des Wassers am dunkelsten war. Wenn ich versuche, mich gänzlich hineinzubegeben in diese Erinnerung, noch mal einzufügen in das, was mein Gedächtnis von dieser Situation aufbewahrt hat, dann stoße ich sogar auf ein Emotionssediment von damals. Und das ist nicht etwa Angst oder Unsicherheit. Es ist ein schicksalsergebenes Erstaunen. Ich beobachtete den Karpfen genauso mit Neugier wie er mich. Wie war ich denn plötzlich an diesen komischen Ort gekommen, der so anders aussah, sich kalt und bedrückend anfühlte, und an dem ich nur trinken und nicht atmen konnte? Der Karpfen indes hatte das Interesse verloren und schwamm davon. Na ja, dann würde ich wohl einfach hier unten bleiben und weiter staunen.

Rückblickend kommt es mir wie eine ganze Stunde vor, aber es waren wohl nur wenige Sekunden, die ich unter Wasser verbrachte. Meine Mutter hatte von der nachbarlichen Kaffeetafel aus genau gesehen, wie ich erst über einen Stein gestolpert und dann in den Teich gefallen war. Sofort war sie losgerannt und mit voller Kleidung hinter mir hergesprungen.

Mit dieser ersten Kindheitserinnerung als Maßstab überkam mich im Laufe der nächsten paar Jahre eine unterschwellige Lebensmüdigkeit, eine heimliche Leidenssucht. Mein Bewusstsein war unter Wasser erwacht und ging nun wohl davon aus, dass das Leben dergestalt spektakulär und gefährlich weiterging.

Das tat es natürlich nicht. Also musste nachgeholfen werden. Immer wieder hatte ich Eingebungen, ganz plötzlich, ohne Grund und Vorwarnung, die mich dazu brachten, etwas Unheilvolles zu tun.

So auch an Heiligabend 2001. Meine Mutter hatte schon früh mit den Vorbereitungen für das Fest begonnen. Seit dem Vormittag wehte der Duft von Rinderbraten und Rotkohl durch unsere kleine Wohnung. Diese Geruchsschwaden vermischten sich später mit dem metallischwaschmittligen Dampf, den Mama beim Bügeln unserer *guten Kleidung* für den Abend produzierte, und trafen schließlich auf eine kalte Wand aus Schneeluft, die durch das zum Lüften geöffnete Fenster hereinschwappte. Meine Mutter hatte das Bügelbrett im Wohnzimmer aufgestellt. Gemeinsam sahen wir dort das Staffelfinale von *Beutolomäus*, einer KiKA-Serie, in der der Geschenkesack des Weihnachtsmannes die namensgebende Hauptfigur ist.

»Das ist ja komplett irre«, sagte Mama. »Für so einen Unsinn verschwenden die Filmrollen! Na ja, immer noch besser als dieses unsäglich kapitalistische *Weihnachtsmann & Co. KG* auf Super-RTL!«

Ich indes lag im kanariengelben Kinderbademantel auf dem Sofa und verfolgte gebannt die Handlung: Beutolomäus, gespielt von einem Menschen im Sackkostüm, war entführt worden und musste zur Rettung des Weihnachtsfestes nun schnellstmöglich gefunden und befreit werden.

Wie ich schon damals wusste, setzte der Kinderkanal konsequent auf Happy Ends. Einzige Ausnahme im Programm war – spätabends unglückselig und in Endlosschleife durch eine weiße Hohlkehle rennend – »Bernd das Brot«. Der Zauber von »Beutolomäus« lag für mich somit nicht darin herauszufinden, *ob* der geknebelte Geschenkesack gerettet werden würde – natürlich würde er –, sondern nur *wann*. Mich interessierte das Timing der Serie.

Nach dem letzten zu bügelnden Kleidungsstück sagte Mama: »Fertig! Ich gehe eben Martha anziehen. Du kannst solange deine Sack-Sendung weitergucken. Aber pass mit dem Bügeleisen auf! Das ist noch heiß und muss abkühlen! Nicht anfassen!«

Sie verließ den Raum. Ich starrte weiter auf den Fernseher, nun allerdings ganz ohne ergriffenes Verfolgen der Handlung. Mit den Worten meiner Mutter war Beutolomäus schlagartig bedeutungslos für mich geworden, mein Fokus hatte sich verlagert. Ich betrachtete jetzt den Jungen auf dem Sofa, den ich in der Spiegelung der Mattscheibe sehen konnte. Je nach Dunkelheit des Fernsehbildes sah ich ihn mal besser, mal schlechter, diesen knallig gewandeten Vierjährigen, der da gerade noch so gemütlich gelegen hatte, der jetzt langsam aufstand und schlafwandlerisch in Richtung des Bügelbretts tapste. Dort angekommen, fasste er wie in Zeitlupe mit der flachen Hand an die Metallfläche des senkrecht stehenden Bügeleisens. Es zischte leise. Was tat der Junge denn da? War der verrückt geworden? Der sollte mal lieber aufhören damit! Aua, das musste doch wehtun!

Und es tat weh. Höllisch. Allerdings erst, als ich aus meiner Trance erwachte; als der widerliche Geruch verbrannten menschlichen Fleischs sich mit dem Aroma des Festtagsbratens mischte; als ich intuitiv zum offenen Fenster rannte und meine Hand in die Schneeschicht auf dem Außensims legte – erst wohltuend knisternd, dann lauwarm platschend, denn der Schnee schmolz rasend schnell, nachdem ich ihn mit der noch heißen Hand berührt hatte.

Ähnlich dem, was ich fünf Jahre später am Tag meiner Erstkommunion veranstalten sollte, als ich mir den Daumen in der Autotür quetschte, gab ich auch hier schon keinen Mucks von mir. Christliche Feiertage nahm ich anscheinend als Anlässe für stumme Selbstkasteiung. Ich biss die falschen Milchzähne zusammen und schwieg. Zu groß die Scham, zu wenig erklärbar das, was ich gerade getan hatte. Ich war so still wie die vom Schnee schalltot gemachte Landschaft, die ich vom Fenster aus beobachten konnte, während ich den Sims abtaute.

Ich hatte bestimmt zehn, fünfzehn Sekunden lang an das brüllend heiße Bügeleisen gefasst. Meine Hand war übersät von großen weißen Quaddeln, der Schmerz war Übelkeit erregend.

Und doch wollte ich mir nicht die Blöße geben, meiner Mutter zu sagen, dass ich exakt das getan hatte, wovor sie mich gewarnt hatte. Ich kam mir vor wie Paulinchen, das Mädchen aus der Struwwelpeter-Geschichte, das ich immer so dämlich gefunden hatte, weil es sich selbst anzündet mit dem Feuerzeug, das zu benutzen ihre Eltern ihr doch verboten hatten.

»Verbrannt ist alles ganz und gar,
Das arme Kind mit Haut und Haar;
Ein Häuflein Asche bleibt allein
Und beide Schuh', so hübsch und fein.«

Gemessen an diesem Gedicht, hatte ich mit meiner einzelnen verbrannten Hand ja fast noch Glück gehabt.

Wie vom siebten Sinn getrieben, kam meine Mutter ins Wohnzimmer gelaufen, die zur Hälfte eingekleidete Martha auf dem Arm, und bremste jäh ab, als sie mich mit schmerzverzerrtem Gesicht und entstellter Hand am Fenster stehen sah.

»Hab ich's doch gewusst!«, rief sie mit spitzer Stimme.

Es gab keinen Ärger. Es war Strafe genug, dass ich an diesem Heiligabend kein Geschenk selbst aufreißen konnte – mit einer dick bandagierten Hand. Man behandelte mich mit einer Mischung aus Mitleid, Belustigung und ängstlicher Vorsicht.

>*Und Minz und Maunz, die kleinen,*
Die sitzen da und weinen [...]
Und ihre Tränen fließen
Wie's Bächlein auf den Wiesen.«

Jener frühkindliche Hang zum Masochismus, den ich auf meinen Erweckungsmoment unter Wasser zurückführe, zeigte sich in unregelmäßigen Abständen immer wieder.

Einmal spielte ich in meinem kleinen Kinderkaufladen – ich nahm beide Rollen ein, Verkäufer und Kunde –, da entschied sich meine Hand plötzlich, die Bastelschere vom Tresen zu greifen und damit das Kabel der eingeschalteten Stehlampe neben mir durchzuschneiden. Es gelang mir nicht sofort, die dicke Isolierung des Kabels mit der Schere zu durchdringen, und so wackelte ich ein bisschen hin und her, bis das Kabel nur noch von einem seidenen Faden aus Gummierung zusammengehalten wurde. Die Glühbirne in der Lampe flackerte wild sirrend und erlosch schließlich dauerhaft.

Da, langsam auflodernd in der neuen Dunkelheit, kroch eine Art blaues Lichtgeflecht aus dem Schlitz, den ich in die Isolierung geschnitten hatte. Interessiert sah ich zu, wie der saphirne Schein die Klingen der Schere umwaberte und nur von der Plastikummantelung an den Griffen davon zurückgehalten wurde, auf meine Hände überzuspringen.

Binnen Millisekunden wurde meine Faszination für das, was ich da gerade sah, zu blanker Angst. Ich ließ die Schere und das Kabel entsetzt fallen. Dabei riss der letzte zusammenhängende Rest der Isolierung, und die Leitung wurde vollends entzweit. Orange Funken sprühten aus dem Ende, das sich noch mitsamt Stecker in der Steckdose befand. Und die von mir unberührte, nicht einmal eingeschaltete Deckenlampe, das *große Licht*, explodierte laut knallend und klirrend. Vom Lärm alarmiert, kam meine Mutter ins Zimmer gerannt, und als sie die Splitter, das Kabel und die am Boden liegende Schere realisiert hatte, stieß sie einen Entsetzensschrei aus.

Es war das erste Mal, dass ich sie weinen sah. Verzweifelt tastete sie mich von oben bis unten ab, schüttelte mich, fühlte mir die Stirn, voller Furcht, auf irgendeinen Defekt zu stoßen. Doch es ging mir gut.

Bis heute kann mir niemand physikalisch einleuchtend erklären, warum die unbeteiligte Lampe an der Decke explodierte, weshalb das Kabel Funken sprühte und vor allem, was ich da für ein seltsames blaues Licht sah. Und doch bin ich mir ganz sicher, dass all das exakt so passiert ist und auf keiner kindlichen Fantasie fußt.

Etwa ein Jahr später, bei einem Kindergartenausflug zur örtlichen Kirche, überkam es mich erneut.

Wir gingen im zweireihigen Gänsemarsch, ich bildete, Hand in Hand mit der kleinen rothaarigen Katharina Halbwinter, das Schlusslicht.

»Da, an der Kreuzung biegen wir alle links über den Bürgersteig ab!«, rief Kindergärtnerin Karin vom Anfang unserer Kolonne. Wie immer, wenn sie das sagte, skandierten wir Kinder aus Leibeskräften den nicht ganz reinen Reim »Links, links, fauler Mann, du stinks'!«.

Vor mir bogen alle brav nach Vorschrift ab. Doch irgendwie war ich es spontan leid geworden, zu gehorchen, außerdem käme da hinten doch, wenn ich jetzt rechts abböge, dieser rasant fahrende Lkw, vor den zu laufen ich urplötzlich für eine spitzenmäßige Idee hielt. Sollten die anderen doch alle stumpf Karins Befehle befolgen, ich, vier Jahre alt, war ja wohl reif genug, mir meine Wege selbst zu suchen und selbstständig in der Welt zurechtzukommen. Völlig klar, dass ich zur Demonstration meiner auf Unsterblichkeit basierenden Unerschrockenheit vor diesen Laster laufen und mich von ihm überfahren lassen musste.

Mein innerer Lemming hatte nicht nur für diese kurzfristige Totalverblödung gesorgt, sondern auch für ein vollständiges Vergessen der Tatsache, dass Katharina Halbwinter immer noch an meiner Hand neben mir lief. In ihrer Verträumtheit war auch sie nicht mit den anderen Kindern nach links, sondern mit mir nach rechts abgebogen – wir beide koppelten uns so selbstverständlich und ohne Dünkel von der Gruppe ab, dass keine der begleitenden Kindergärtnerinnen davon Notiz nahm. Der Lkw fuhr weiterhin mit voller Geschwindigkeit auf den Teil der Kreuzung zu, den ich zu betreten plante.

Ich ging den ersten wichtigen Schritt. Mit nur einem Bein vom Bürgersteig auf die Straße. Der rechte Fuß stand nun sicher auf dem grobporigen Asphalt. Der Lkw kam dröhnend näher. Da aber weiter nichts Schlimmes passierte, sah ich mich in meiner Kühnheit bestätigt und zog auch das andere Bein nach. Und: immer noch nicht tot. Da war ja gar nichts dabei, auf die Straße zu laufen, wenn ein Auto kam! Was erzählte man den Kindern denn da immer für einen Links-rechts-links-Stuss? Der Lkw war vielleicht noch zehn Meter entfernt, bei unveränderter Geschwindigkeit. Gerade wollte ich ungeachtet dessen und beschwingt die restliche Strecke zur Mitte der Fahrbahn bewältigen, da ertönte die laute Hupe des Lkw, begleitet von den kreischenden Bremsen. Ich zuckte nicht mit der Wimper, doch Katharina Halbwinter, immer noch an meiner Hand, war durch den Lärm nun endlich aus ihrem Tagtraum geweckt worden. Sie erschrak heftig, wich von der Straße und zog dabei auch mich in allerletzter Sekunde zurück auf den Bürgersteig. Ihre langen roten Haare peitschten durch die Luft in mein Gesicht, einen Moment lang dachte ich, ich würde bluten. Der schrill bremsende Lkw indes kam erst weit hinter der Stelle, an der wir uns gerade noch befunden hatten, zum Stehen. Katharina, dieses sonst so zerbrechliche Mädchen, rettete mir mit jenem unerwarteten körperlichen Kraftakt wohl das Leben.

Ich lief fortan bei Ausflügen nur noch an der Hand meiner Kindergärtnerin Karin. Und Erdbeermarmeladebrötchen schmierte sie mir keine mehr.

Einige Zeit darauf saß ich bei Oma und Opa im Wohnzimmer und malte mit Buntstiften. Die Wohnung der Großeltern war bereits zugepflastert mit meinen Bildern. Auf allen das gleiche Motiv: ein Staubsauger. Ovaler Hauptkörper, langer Rüssel, Saugrohr und Bodendüse – in zigfach gleicher Ausführung. Nur was die Farben betraf, variierte ich hier und da.

Ich lebte zu diesem Zeitpunkt eine regelrechte Staubsauger-Obsession aus. Nicht nur, dass ich sie malte, ich schnitt auch Bilder von ihnen aus Katalogen aus, ich wünschte mir zum Geburtstag einen Spielzeugstaubsauger, und wenn ich mal groß wäre, erklärte ich, dann würde ich mir einen grünen *Vorwerk Kobold* kaufen, wie meine Oma einen hatte.

Zu Beginn hatte Opa sich über meine künstlerische Tätigkeit noch hocherfreut gezeigt, meine Werke umgehend mit Tesafilm an der Wand befestigt und sie wie teure Auktionsgemälde gelobt. Von seiner Anerkennung befeuert, hatte ich dann begonnen, ein Staubsaugerbild nach dem anderen zu produzieren. Bei Fertigstellung eines neuen Werkes fiel Opas Begeisterung mittlerweile entsprechend gering aus. Um mich nicht zu enttäuschen, hängte er die Bilder trotzdem auf. Die Wohnung sah aus, als würde ein Staubsaugererfinder dort gerade eine manische Phase durchleiden.

An diesem Tag sollte mein künstlerisches Fließband allerdings zum Stehen kommen. Denn als Opa für ein paar Minuten in der Küche verschwand, um sich einen Kaffee zu kochen (und während der Durchlaufzeit mit dem Fernglas aus dem Fenster zu gucken), entwickelte ich plötzlich großes Interesse an der Funktionsweise meines Buntstiftanspitzers. Wie war das möglich, dass man durch wenige Drehungen einen Stift so aussehen lassen konnte, als käme er frisch aus der Packung? Wie genau wurde er wieder so perfekt spitz und dünn? Und was passierte, wenn man statt eines Stifts den rechten Zeigefinger hineinsteckte? Ich probierte es aus: reinstecken, ein paarmal kurz und ruckartig drehen, rausziehen. Aua.

Während ich kurz darauf mehr vor Scham als vor Schmerz weinte, fischte Opa ungläubig die ersten beiden Hautschichten meiner Fingerkuppe und meinen kompletten Fingernagel aus dem Behälter des Anspitzers. Oma fiel beinahe in Ohnmacht, als Opa ihr diese Überreste mit erklärenden Worten auf einem Kuchenteller servierte.

Mein letztes Staubsaugerbild fiel dann also doch noch aus der Reihe. Es blieb unvollendet. Ein Staubsauger ohne Rüssel. Aus dieser meiner künstlerischen Phase ist es wohl das wertvollste Werk.

»Wie hast du das denn schon wieder geschafft?« ist eine Frage, die ich in den Folgejahren häufiger hören sollte. Was sich heute in Form von interessanten Geschichten unterhaltsam erzählen lässt, stellte früher für alle Erwachsenen ein Rätsel dar. Man wunderte sich, was mir immer so alles passierte, und behielt mich fortan lieber im Auge.

Durch selbstzerstörerisches Verhalten in qualvolle oder lebensgefährliche Situationen zu kommen, war ich also lange gewohnt, als ich vierzehn Jahre später im Behandlungszimmer meines HNO-Arztes saß.

Im Anschluss an Maikes und meinen Ausflug an die Nordsee, die darauffolgende schlaflose Nacht und das bizarre Frühstück mit meiner Mutter hatten sich meine altbekannten Halsschmerzen ins Unerträgliche gesteigert.

Obwohl ich sonst durch meine Hypochondrie so oft und so gerne zum Arzt ging (und heute immer noch gehe), sah ich bei den Halsschmerzen keine Notwendigkeit, mich untersuchen oder behandeln zu lassen. Dass es wehtat, da im Rachen und am Kehlkopf, gehörte für mich wie selbstverständlich zum unglücklichen Verliebtsein dazu. Ich nahm die Schmerzen gar nicht als für sich stehendes körperliches Leiden, sondern vielmehr als Teil der Emotion wahr. Traurig zu sein *bedeutete* für mich nicht nur Halsschmerzen, es *war* Halsschmerzen.

Erst als ich zwei Tage nach Maikes Übernachtung beim morgendlichen Zähneputzen in den Spiegel blickte, kam mir der Gedanke, dass es vielleicht ratsam sein könnte, einen Arzt zu konsultieren: Mein Rachen sah aus wie ein schimmliges Stück Fleisch. Zuerst hatte ich die großen weißen Hubbel im Bereich der Gaumenmandeln für Zahncremereste gehalten und mit Wasser dagegen angegurgelt. Als sie anschließend immer noch nicht verschwunden waren, begriff ich jedoch, dass etwas nicht in Ordnung war. Ganz und gar nicht in Ordnung, wie sich herausstellen sollte.

»Na, dann machen Sie doch mal das Mündlein auf«, hatte der alte und hagere HNO-Arzt zu Anfang der Untersuchung noch gut gelaunt gesagt. Jetzt aber, da ich seiner Anweisung Folge geleistet und »das Mündlein« aufgemacht hatte, schwieg er. Bestimmt eine Minute lang starrte er wortlos und mit unlesbarer Miene in meinen Mund. Ich hielt es kaum aus, den Kiefer so lange und so weit aufzusperren, außerdem hatte ich ja immer noch starke Schmerzen, die durch meinen langsam austrocknenden Rachenbereich nicht unbedingt erträglicher wurden.

Dann, endlich, sagte der Arzt etwas. Allerdings nichts sonderlich Überlegtes. In der Zeit des Schweigens schien sich bei ihm etwas angestaut zu haben, was nun unweigerlich abgelassen werden musste. Er sagte:

»Igitt!«

Direkt gefolgt von:

»Entschuldigung.«

Zwar war ein »Igitt« immer noch besser als zum Beispiel ein »Oh Gott« – zeugte »Igitt« doch bloß von Ekel und Unbehagen und nicht wie »Oh Gott« von Unheilbarkeit und Tod –, jedoch: Dass ein Arzt dieses Alters und dieser Erfahrung nicht anders konnte, als sich beim Anblick meines Halsinnern zu ekeln, war schlichtweg beängstigend. Hatte der so was noch nie gesehen in seinem Berufsleben? Kurz überkamen mich Zweifel, dass der Mann, der mir da in den Rachen spachtelte, leuchtete und guckte, ein richtiger Arzt war, vielleicht war er ein fetischistischer Betrüger, der sich daran aufgeilte, Menschen in den Hals zu gucken – solange es gesunde und schöne Hälse waren und nicht, wie bei mir, kranke und igittige.

Dann aber sagte er irgendetwas Wissenschaftliches mit

»Tonsillen« und »Angina«, als wollte er beweisen, dass er auch professionell sein konnte. Er brachte diese Fachbegriffe mit dem erklärenden Zusatz, dass er »das so, in dieser Form und Ausprägung noch nie gesehen« hätte. Seit wann ich »die Beschwerden« denn schon wahrnehmen würde, fragte er. »So seit drei Jahren«, antwortete ich wahrheitsgemäß, und als er daraufhin zusammenzuckte, schob ich schnell hinterher: »Allerdings war's nie so schlimm wie jetzt gerade.«

Er tippte einige Zeit mit zwei Fingern auf seiner wuchtigen vergilbten Tastatur herum und sagte: »Das müssen wir möglichst bald operieren, das kann ich Ihnen jetzt schon mal versichern.«

»Was genau ist denn das Problem?«, fragte ich.

»Ihre Mandeln«, antwortete er. »Ich weigere mich, die noch als ›entzündet‹ oder ›vereitert‹ zu bezeichnen. ›Komplett hinüber‹ trifft es wohl eher. Die vergiften Ihnen den ganzen Körper, die müssen raus. Mir graut es vor Ihren Blutwerten.«

Wie schön, dass dieser Arzt immer so positiv blieb.

»Wieso hab ich das denn?«, fragte ich.

»Normalerweise«, antwortete er, »bekommt man so etwas durch eine Virusinfektion, durch Bakterien vielleicht, aber bei Ihnen ist das längst chronisch.«

»Was habe ich falsch gemacht?«

»Sie kommen zu spät, in erster Linie.«

»Und in zweiter?«

»Da gibt es viele mögliche Verfehlungen. Schlechte Ernährung, Rauchen – oder haben Sie viel Stress?«

196

Als der Arzt diese Frage stellte, dämmerte mir zum ersten Mal, was ich heute sicher weiß: Meine Halsschmerzen waren nicht einfach eine nervige Begleiterscheinung meines seelischen Leids, sondern hatten sich mittlerweile zu einer ganz eigenständigen großen Krankheit entwickelt.

Mein Unterbewusstsein hatte, da es von zunehmender Vernunft gebremst wurde, einen anderen Weg gefunden, um mich an den Rand der Selbstzerstörung zu bringen.

In kindlicher Naivität an ein heißes Bügeleisen zu fassen, vor einen Lkw zu laufen oder sich den eigenen Finger anzuspitzen kam nun nicht mehr infrage. Meine Leidenssucht funktionierte mittlerweile offenbar psychosomatisch. Ich hatte ja immer nur dann Halsweh gehabt, wenn auch meine seelischen Schmerzen groß gewesen waren. Gleichwohl: Konnte es denn wirklich sein, dass ich mir mit jenen unglücklichen Gedanken und mit unerfüllter Liebe einen Teil meines Körpers direkt *ruiniert* hatte? Ich bezweifelte sehr, dass ich mental so stark – oder schwach? – war, dass ich mich durch bloße Gedanken physisch selbst zerstören konnte.

Auch wenn ich nun ahnte, dass psychischer Stress meine chronische Mandelentzündung begünstigt, wenn nicht sogar ausgelöst haben konnte, weigerte ich mich, dem Arzt das mitzuteilen. Was ging den denn mein unglückliches Verliebtsein an? Außerdem: Ich war immer noch der Strahlemann! Ich sorgte für gute Laune! Der Arzt hatte mich bisher von der völlig falschen Seite kennengelernt! Es war nun an der Zeit, meinem Ruf auch vor ihm gerecht zu werden.

Ich machte ein paar Scherze und versicherte ihm mit einem Lächeln, dass ich nun wirklich der stressfreiste, ausgeglichenste und fröhlichste Mensch sei, der mir einfiele, und man sich da ganz sicher keine Sorgen machen müsse. Das könnte ich mir nur durch eine Ansteckung geholt haben, erklärte ich, der Patient, dem Arzt.

Um die Mandeloperation würde ich allerdings nicht herumkommen. Das hatten meine Laborwerte am Tag darauf ganz klar gezeigt. Ich stand kurz vor einer Blutvergiftung und musste ein Antibiotikum schlucken.

Zur Ablenkung besuchte ich meine Großeltern. Oma Hasi saß mit friseurfrischen Haaren in ihrem Fernsehsessel. Hier verbrachte sie mittlerweile die meiste Zeit. Sie hatte noch diesen typischen Ammoniakgeruch des Färbemittels an sich, den ich von früher kannte, als ich sie bei ihren Besuchen im Friseursalon begleitet hatte. Ich kam immer gerne mit, denn die Damen im »Haarstudio Neutra« liebten mich. Und ich wiederum liebte es, sie zu unterhalten. Häufig setzte ich mir die verschiedenen Vorführperücken auf und spielte Kundinnen nach, die gerade den Salon verlassen hatten. Ich hatte ihre Manierismen, ihre Sprechweisen und ihre kauzigen Angewohnheiten ganz genau studiert. Es war, als wäre die jeweilige Dame gar nicht gegangen, wenn ich mit Echthaarperücke auf dem Kopf ihren Platz auf dem Frisierstuhl einnahm und gestikulierte und redete wie sie. *Sehen Sie heute: den sechsjährigen Fritz Schaefer wahlweise als Frau Brokemper, Frau Bojert oder Frau Dragic!*

»Die Wickler heute bitte nicht so stramm wie beim letzten Mal!« – »Hamse schon gehört, die Emmerlings lassen
sich jetzt scheiden! Wurde auch Zeit, das Geschrei konnte
man ja nicht mehr ertragen.« – »Beim Bauer Vorholt im
Hofcafé gibbet den besten Kuchen!« Begriffe wie »tou-
pieren«, »eindrehen« oder »ondulieren« verwendete ich
ganz selbstverständlich und ohne ihre genaue Bedeutung
zu kennen.

Die Mitarbeiterinnen des Salons und alle Kundinnen,
Oma Hasi eingeschlossen, bekamen sich dann kaum ein
vor Lachen. Einmal schnitt Frau Neutra, die Chefin, einer
Kundin deswegen sogar aus Versehen ins Ohrläppchen.
Schockiert beendete ich meine Parodistenkarriere im
Haarstudio Neutra. Als Belohnung für meine bis dahin
treuen Entertainmentdienste schenkte Frau Neutra mir
ihre alten Perücken. Ich war begeistert und stolz. So sehr,
dass ich die Perücken auch in der Grundschule aufsetzte.
Ich wollte schließlich zeigen, welch tolle neuen Spielzeuge
ich jetzt mein Eigen nannte. Nach der jüngsten Erfahrung
mit dem blutigen Ohrläppchen trat ich allerdings vor-
sichtshalber nicht in einer Rolle auf, sondern einfach als
ich, als stolzer Erstklässler, nur eben mit Oma-Frisur. Keiner meiner Mitschüler verstand das; Hannes und Sophie
hatten sogar so wenig Verständnis, dass sie die Perücken
stahlen und im Schulklo hinunterspülten.

Jetzt, da ich Oma Hasis Friseurgeruch bemerkt hatte,
zogen diese Erinnerungen im Zeitraffer an meinem geistigen Auge vorbei. Ich erschauderte kurz, unterdrückte
die aufwallenden Gefühle von damals jedoch sofort und

strahlte Oma ohne rechten Grund an, so, wie sie es von mir gewohnt war.

»Was gibt's denn Neues, Fritz?«, fragte Oma. Das war eine ihrer Standardfragen. Meine Standardantwort darauf war: »Nix«. Heute aber hatte ich ja wirklich mal Neuigkeiten.

»Ich werd am Freitag operiert«, sagte ich. »Die Mandeln kommen raus.«

»Mein Gott und Vater, nee!«, seufzte Oma Hasi. »Die Mandeln! Na, das ist ja was. Da kann man ja bei verbluten, ne?«

»Ja, das kann man wohl«, antwortete ich.

»Mir haben sie ja mal die Kehle aufgeschnitten«, sagte sie beinahe stolz. Auch diese Geschichte gehörte zu Oma Hasis Standard, es war – nach der Geschichte mit den elisabethanischen Zöpfen – die am zweithäufigsten erzählte.

»Genau hier haben die mich aufgemacht!« Oma fuhr mit dem Finger die lange Narbe an ihrem Hals entlang. »Damals waren Chirurgen ja noch richtige Metzger, da wurde nicht auf Schönheit geachtet, nee, Hauptsache war, dass der Kropf wegkommt!« Gedanklich sprach ich mit, was Oma da gerade erzählte. Sie hatte sich vor Jahrzehnten wegen einer Schilddrüsenerkrankung operieren lassen müssen und war seither nicht etwa über ihre wiedererlangte Gesundheit am glücklichsten, sondern darüber, diese martialische Geschichte erzählen zu können.

Opa betrat das Wohnzimmer. »Fritz, mein Junge!«

»Hallo, Opa!«, sagte ich.

»Er kriegt die Mandeln raus!«, sagte Oma.

»Ach, da kann man ja bei verbluten, ne?«, sagte Opa.

»Ja, das kann man wohl«, sagten Oma und ich im Chor.

Bedrücktes Schweigen.

»Wo ist denn schon wieder mein Opticker?!«, schnauzte Oma Hasi plötzlich an Opa gewandt los.

»Ja, woher soll denn ich das wissen, Hasi! Ich benutz den doch nicht!«, brüllte Opa zurück. Für mich war es seit nunmehr achtzehn Jahren Gewohnheit, dass sie ohne Auslöser und innerhalb kürzester Zeit so ungehalten und laut miteinander wurden. Der Opticker jedenfalls war Oma Hasis Stock mit Greifarm, den sie aufgrund ihres schlimmen Rheumas seit einigen Jahren benutzte, um von ihrem Fernsehsessel aus an Gegenstände zu kommen, die ihr auf den Boden gefallen waren. Sie sah dabei aus wie ein großes, wohlbeleibtes Insekt. Laut Oma Hasi war »Opticker« plattdeutsch für »Aufsammler«.

»Da liegt er doch«, sagte ich und zeigte auf den Boden unter dem Sofatisch.

»Nanu, wie ist der denn da hingekommen?«, fragte Opa mit arglistigem Unterton. Oma Hasi funkelte ihn böse an. »Hast du den also wieder versteckt! Als würde es nicht reichen, dass du jetzt mit deiner Mieze gemeinsame Sache gegen mich machst!«, schrie sie.

Ich war derweil unter den Wohnzimmertisch gekrabbelt, um den Opticker zurück zu seiner Besitzerin zu bringen.

»Mieze?«, fragte ich ächzend. »Was denn für eine Mieze?«

»Der Opa hat jetzt eine Mieze!«, rief Oma aus. Was

201

konnte sie damit meinen? Hatte Opa auf seine alten Tage noch eine Affäre? Das würde ihm gar nicht ähnlich sehen. Zwar stritten er und Oma pausenlos, aber für die beiden bedeutete das ja keinen Missstand, sondern Behagen und Erfüllung. Mittlerweile vertuschten sie auch gar nicht mehr, dass ihnen das Streiten in Wirklichkeit Freude bereitete. Früher spielten Oma und Opa den blanken Hass überzeugender, schien mir. Es kam jetzt, in ihrem hohen Alter, häufig vor, dass sie nach einem Wortgefecht genüsslich »Hach ja« oder andere Seufzer ausstießen, allesamt geprägt von der Zufriedenheit, sich mal wieder *miteinander* gefetzt zu haben. Weder Opa noch Oma hatte eine Affäre nötig. Sie hatten sich.

»Das ist keine Mieze!«, brüllte Opa. »Ein Kater ist das! Ein Kater, Hasi!«

»Na, von mir aus!«, keifte Oma Hasi zurück. »Ihr macht jedenfalls gemeinsame Sache und habt's auf mich abgesehen! Dass du es dann noch nötig hast, meinen Optiker zu verstecken! Ich habe Rheuma! Ich bin schwer krank! Und mir haben sie damals den Hals aufgeschnitten!«

»Du hast einen Kater?«, fragte ich an Opa gewandt dazwischen.

»Ja«, antwortete er stolz, »ist mir zugelaufen! Ich hab ihn ›Feuer‹ genannt!«

»Das hat er nur gemacht, um mich zu erschrecken!«, erklärte Oma mir ungehalten. »Immer, wenn er ihn laut bei seinem Namen ruft, denke ich zuerst, dass es brennt, und erschrecke mich zu Tode!«

Opa gluckste zufrieden. Ich war jedes Mal aufs Neue

202

beeindruckt, wie originell und akribisch er wurde, wenn
es darum ging, seine Frau zu quälen. Bei allem, was er tat,
dachte er vorher darüber nach, wie er Oma im gleichen
Schritt einen Streich spielen konnte.

»Ich weiß gar nicht, was du hast«, sagte Opa zu Oma
Hasi. »Feuer hat dich wahnsinnig gern und zeigt es auch!«

Oma machte ein empörtes Geräusch. »Du meinst die
toten Mäuse und Vögel, die er von seinen Streifzügen mit-
bringt?«, schnaubte sie.

Ich musste lachen. Opa hatte in dem zugelaufenen Kater
wohl einen neuen Hilfsarbeiter gefunden; Feuer hatte meinen Platz eingenommen. Jetzt, da ich nicht mehr so oft zu
Besuch bei den Großeltern war, wurde – statt meiner – das
Tier für die Ausführung von Opas Streichen eingespannt.
Und für die Anlieferung toter Tiere oder Ungeziefer war
ein Kater natürlich die Idealbesetzung.

Der Tag der Operation. Mittlerweile hatte mich die blanke
Panik gepackt. Je länger ich über die zurückliegenden Ereignisse nachdachte, desto bestürzter war ich, nicht bemerkt zu haben, dass ich keineswegs nur unter Liebeskummer, sondern an einer schwerwiegenden Erkrankung
litt, die noch dazu meinen ganzen Körper zu vergiften
drohte. Nun, da ich diese Unzulänglichkeit an mir fest-
gemacht hatte, war ich sehr besorgt, ich könnte auch andere schlimme Dinge übersehen haben. Von Hypochondrie
und Fantasie zu gleichen Teilen koproduziert, wurde ein
episches Horrorszenario nach dem nächsten vor meinem
geistigen Auge abgespielt. Ich sah einen Arzt, der mir im

Aufwachraum mitteilte, man hätte neben meinen vereiterten Mandeln auch noch einen riesigen Tumor in meinem Hals gefunden; eine verzweifelte Krankenschwester, die mir nach dem Eingriff mitteilte, man hätte mich mit dem Patienten verwechselt, dem ein Bein amputiert werden sollte; einen Grabstein aus schwarzem Marmor, auf dem in goldener Serifenschrift mein Name stand, umringt von einer kleinen schwarz gekleideten Menschengruppe im Regen.

All diese furchtbaren, sehr plastischen Vorstellungen sah ich weder vorher kommen, noch konnte ich sie stoppen, wenn sie einmal da waren. Und wieder war ich mir nicht sicher, ob das auf mentale Stärke oder Schwäche hindeutete.

Die Imagination meines eigenen Grabsteins mitsamt Beerdigung schockierte mich von alledem noch am wenigsten. Nicht, weil diese Situation weniger beängstigend gewesen wäre als die anderen, sondern weil ich sie schon kannte. Bereits als Kind hatte ich hin und wieder mein Begräbnis in großem Detailreichtum vor mir gesehen, vor allem eben den Grabstein. Einmal – meine Staubsauger-Periode war inzwischen überwunden – hatte ich Mama sogar ein Bild von dieser Vision gemalt: kleine dunkle Strichmännchen, gruppiert um einen unverhältnismäßig großen Stein, auf dem sogar ein präzises Sterbedatum zu lesen war:

14. November 2097

Darunter ein so obskurer wie genialer Satz:

Aber genug von mir.

Aber genug von mir? – Was war in meinem kindlichen Hirn denn bloß los? Das fragte sich damals wohl auch meine Mutter, als ich ihr stolz das fertige Bild überreichte und sagte: »Schenk ich dir!«

Sie sah sich mein Werk ein paar Sekunden lang schweigend an, nahm dann mich ins Visier und sagte schließlich: »Ich freue mich immer, wenn du mir was malst, aber dieses Bild will ich nicht! Das mit dem Grabstein macht mich nur traurig!«

Wenn sie das so sagte, ergab das durchaus Sinn für mich. Welche Mutter wollte schon, dass ihr Kind seine Todesfantasien aufmalte?

So verständlich die Reaktion meiner Mutter im Nachhinein für mich war und ist, so beglückend finde ich die Vorstellung, dass mein Grabstein tatsächlich irgendwann genau diese Inschrift tragen könnte. 100 Jahre und acht Monate sind doch ein schönes Alter. Bis dahin gab es dann ja wirklich *genug von mir«*.

Zu all meinen Ängsten vor der Mandelentfernung kam erschwerend hinzu, dass ich zuvor erst ein einziges Mal operiert worden war – als Kind, der schmerzhafte Eingriff an den Zähnen –, und die Erinnerungen daran waren nicht sonderlich ermutigend.

Ich sollte frühmorgens in der nächstgelegenen Universitätsklinik operiert werden. Die patente Krankenschwester namens Gerda hatte mir ein OP-Hemd gegeben, unter dem ich aus irgendeinem perversen Grund keine Unterwäsche tragen durfte (was, außer mir die Mandeln zu entfernen, wollte man denn noch mit mir veranstalten, während ich vollnarkotisiert auf dem OP-Tisch lag?) und in das ich, natürlich, nicht hineinpasste – es hörte kurz über meinem Schritt auf.

Anschließend wies Gerda mich an, in meinem Bett Platz zu nehmen, auf dem ich liegend durch diverse Flure, Aufzüge und Innenhöfe in den OP geschoben wurde. Ich bedankte mich tausendfach beim Personal für diesen völlig gängigen Chauffeursservice. Ein belustigter Pfleger fragte mich mit hochgezogener Augenbraue, ob ich schon vorab vom Narkosemittel gekostet hätte. In meiner Aufregung verstand ich den Witz seiner Frage überhaupt nicht und verneinte bierernst und schockiert darüber, dass er mir so etwas zutraute. Doch er blieb zu Späßen aufgelegt und erkundigte sich weiter, ob ich denn wirklich die Person sei, deren Name er da auf dem Schild am Bettende lese, ich sähe ja gar nicht aus wie jemand mit so vielen, so alten Vornamen. Patienten, die so hießen wie ich, würde er sonst mit einem Zettel am Zeh in den Kühlraum schieben.

Es ist eins meiner größten Geheimnisse, dass ich gar nicht einfach nur »Fritz« mit Vornamen heiße. Sämtlichen Groß- und Urgroßvätern wurde bei meiner Namensgebung ein Denkmal gesetzt. Zumindest war es von meinen Eltern als Denkmal gedacht, mich so zu nennen – ich persönlich sehe es eher als Mahnmal, dass *fünf* sehr alte, sehr unmodische Vornamen in meinem Personalausweis stehen, von denen »Fritz« zum Glück der vorangestellte und der mittlerweile wieder gängigste, lässigste und ästhetischste ist. Colamarken, Jeanshersteller und Telekommunikationsfirmen haben in den letzten zwanzig Jahren dafür gesorgt, dass der Name »Fritz« nicht, wie noch zum Zeitpunkt meiner Geburt, ausschließlich mit Opas, Deutschen im Ausland oder Witzfiguren assoziiert wird. In Kombination mit den Namen meiner Ahnen allerdings wirkt er wieder furchtbar uncool und verstaubt. Noch geheimer als die Tatsache, dass ich mehr als einen Vornamen trage, ist nur die Information, um welche Vornamen es sich dabei genau handelt. Bloß so viel: Ich habe Glück, dass der Name »Adolf« nicht darunter ist.

Entsprechend verärgert war ich nun, dass die Krankenhausverwaltung sämtliche meiner aus der ersten Hälfte des zwanzigsten Jahrhunderts stammenden Namen auf das Schild gedruckt hatte und der Pfleger und seine Kollegen sich über mich lustig machten, während wir gerade in den OP-Trakt einbogen. Das überaufschlussreiche Schild am Bettende und das Verhalten der Pfleger hatten allerdings auch den positiven Nebeneffekt der Ablenkung. Ich war so peinlich berührt, dass ich nach und nach vergaß, aufgeregt zu sein.

Im OP-Bereich wechselte dann das Personal. Man fragte mich, ob ich eine Beruhigungstablette wollte. Beruhigung? Wofür? Ach ja, ich war ja aufgeregt! Ich stöhnte: »Ja, bitte!«, wurde verkabelt, bekam einen Zugang gelegt – gut, dass ich bereits lag und medikamentös benebelt war, ansonsten wäre ich vom Einführen des kleinen Plastikschlauchs in meine Vene vermutlich niedergestreckt worden – und wechselte vom Bett auf den OP-Tisch. Dort schnallte man mich fest. Was waren denn das für Sitten hier? Die Hinweise verdichteten sich, dass man gleich

207

tatsächlich irgendeine Abartigkeit an mir ausleben würde. Vielleicht würde der Fetischarzt, der mich hierhin überwiesen hatte, den Eingriff höchstpersönlich durchführen.

Man schaffte es hier wirklich zuverlässig, mich abzulenken vom eigentlichen Vorhaben – das nun kurz bevorstehen musste: Ich atmete bereits durch eine Maske. Was meine Augen wahrnahmen, löste sich langsam auf, in kleine schwarze und weiße Bildpunkte, die umherschwirrten wie ein wild gewordener Mückenschwarm, und noch bevor ich die Chance hatte, die komplette Schwärze und Finsternis meiner künstlich herbeigeführten Ohnmacht wahrzunehmen, war ich fort.

Wie unspektakulär, dachte ich und bemerkte nach einigen Sekunden des behäbigen Schmatzens und mühevollen Augenaufschlagens, dass ich schon im Aufwachraum lag. Ich hörte, wie die dort postierten Schwestern sich mitleidig über meine diversen Vornamen unterhielten: »Der arme Junge!« Doch das konnte mich nicht mehr runterziehen. Ich war nun, da ich die Orientierung wiedererlangt hatte, in Hochstimmung. Die Reste der Narkose- und Schmerzmittelgaben machten mich glauben, ich könnte Bäume ausreißen.

»Wann gibt's Frühstück?«, dachte ich, dass ich sagte. In Wirklichkeit kam aber wohl etwas wie »Wanni-Hühü?« aus meinem Mund.

Die darauffolgenden Tage blieb ich noch zur Beobachtung im Krankenhaus. Ich lernte, wieder normal zu sprechen, und freute mich, dass ich auch ohne präparative Unterstützung kaum Schmerzen hatte. Essen konnte ich mit erstaunlicher Leichtigkeit. Die Ärzte zeigten sich ebenfalls zufrieden, ich sei – abgesehen von meinen vielen seltsamen Vornamen da am Bettende – ein Glückskind, würde bald schon entlassen werden können, sagten sie. So einfach war das alles?

Die verblüffendste Folge meiner Mandelentfernung aber war eine verstandesmäßige: Ich dachte fast gar nicht mehr an Maike. Vor der Operation noch hatte ich jeden Tag, meist direkt nach dem Aufwachen, an sie gedacht, immer wieder, gebetsmühlenartig, und bis zum Schlafengehen nicht damit aufgehört.

Nun schien es, als hätte man mir zusammen mit den Mandeln auch meine Maike-Obsession herausoperiert. Dass irgendetwas fehlte in meiner gedanklichen Routine, bemerkte ich erst nach zwei Tagen im Krankenhaus. Meine Mutter, Martha und Oma und Opa hatten mich bereits besucht, und ich dachte darüber nach, wer sonst noch vorbeikommen und mir die Langeweile vertreiben könnte. Da fiel sie, Maike, mir zum ersten Mal wieder ein. Und fühlen tat ich nichts dabei. Seltsam.

Ich teilte mir das Zimmer mit einem Jungen meines Alters, der seinem Verband nach zu urteilen an der Nase operiert worden war. Er sprach weder mit mir noch mit Schwester Gerda auch nur ein Wort. Kein morgendlicher Gruß, kein Danke, kein Gute Nacht. Stattdessen sah er sich auf seinem Laptop pausenlos die Serie »Game of Thrones« an, die anzufangen mich nie gereizt hatte, da mein Fantasyherz bereits seit Kindheitstagen von *Harry Potter* erfüllt war. Jetzt aber bekam ich einen guten Überblick über die Handlung von »Game of Thrones«, wenn ich regelmäßig einen verstohlenen Blick auf den Bildschirm meines Bettnachbarn warf. Eigentlich passierte in jeder Folge das Gleiche: Aristokraten, Sexszenen, Drachen, Schwertkämpfe, Landschaftsaufnahmen in Überlänge. Wenn es das war, was den Typen neben mir begeisterte, dann war ich froh, dass er nicht mit mir sprach.

Er hatte offenbar gemerkt, dass ich ihn und seine Serie beobachtete – und er schien das unangenehm zu finden –, denn er stand mit grimmigem Gesichtsausdruck auf und zog den Trennvorhang zwischen unseren Betten zu. Was für eine Diva! Aber es konnte mir egal sein, laut Aussage der Ärzte würde ich morgen schon nach Hause zurückkehren können. Eine Nacht neben dem Kerl würde ich schon noch aushalten.

Es klopfte. War das schon Maike? Sie hatte mir vor ein paar Minuten eine Nachricht geschrieben und mich gefragt, wie es mir gehe. Vor ein paar Tagen noch hätte ich mich in Überinterpretationen ergangen über diese Nachfrage. Doch jetzt, in meiner so neuartigen Verfassung, hatte ich nur leidenschaftslos mit ›Gut‹ geantwortet. ›Soll ich dich besuchen kommen? Ich kann Eis für deinen Hals mitbringen‹, kam es von Maike zurück. ›Wenn du willst‹, lautete meine gleichgültige Entgegnung. Sie schrieb: ›Klar, so was machen Freunde doch füreinander!‹ *Freunde*, da war es wieder, das böse Wort. Und es ließ mich so kalt!

Dass Maike nun jedenfalls so schnell von unserer kleinen Heimatstadt aus zur Uniklinik gefahren war und soeben angeklopft hatte, erschien mir doch äußerst unwahrscheinlich.

Außerdem hatte mein Zimmergenosse gerade energisch seinen Laptop zugeklappt – und das wertete ich als eindeutiges Zeichen dafür, dass er es war, der Besuch erwartete.

Ein vermutlich gleichaltriges Mädchen mit stumpfen, schwarz gefärbten Haaren kam ins Zimmer. Sie war überschminkt und hatte, gemessen daran, dass sie zu Besuch in einem Krankenhaus war, eine Idee zu viel Parfum aufgelegt. Sie sah mich im ersten Bett neben der Tür liegen, sagte nichts, kniff kurzsichtig die Augen zusammen, erkannte wohl, dass ich nicht der war, nach dem sie suchte, und ging, weiterhin wortlos, hinüber zum zweiten Bett hinter dem Vorhang.

»Hallo, Schaaatz!«, hörte ich sie dort quietschen.

»Hi. Da bist du ja.«

Der Typ konnte sprechen! Mit seiner bandagierten Nase und seiner gelangweilten Attitüde klang er eins zu eins wie Bert aus der Sesamstraße.

»Alles gut?«, fragte sie, die offensichtlich seine Freundin war.

»Die haben mir die Nasenscheidewand zertrümmert und wieder neu zusammengesetzt, wie soll's mir da schon gehen«, fragte Bert zurück.

»Sorry, Schatz, dumm von mir«, sagte sie sofort. Ich hörte, wie sie ihn hinter dem Vorhang küsste. Zumindest versuchte sie es, denn er schrie plötzlich laut auf vor Schmerz.

»Aua! Au! Meine Nase! Pass doch auf, verdammt noch mal!«

»Oh, sorry, Schatz! Sorry! Sorrysorry! Kann ich irgendwas tun?«

»Aufpassen, das kannst du tun!«, fauchte Bert.

»Okay, mach ich, Schatz!«, antwortete seine Freundin gehorsam.

Trennt euch doch einfach hier und jetzt, dachte ich, dann steht uns allen eine bessere Zukunft bevor. Doch die beiden unterhielten sich die nächsten geschlagenen zwanzig Minuten auf einem ähnlichen Niveau, bis es ein zweites Mal klopfte. Maike betrat den Raum. Dass ich mich über ihre Ankunft freute, lag weniger an ihr als vielmehr an der Tatsache, dass sie mit ihrem Klopfen und Eintreten für ein Ende der dämlichen Konversation hinter dem Vorhang gesorgt hatte.

»Hallo! Hat hier jemand Eis bestellt?«

Maike kam zu mir ans Bett und überreichte mir einen bunten Blumenstrauß aus Wassereisstangen. Ich nahm Waldmeister, sie Kirsche. Hinterm Vorhang wurde immer noch geschwiegen. Lauschten die beiden etwa?

Obwohl ich Maike so neu, so anders, so völlig ohne Gefühl wahrnahm, gab es eine Sache, die mir ihr gegenüber auf der Seele brannte. Eine Sache, die mir unabhängig von allen Verliebtheitsgefühlen peinlich war.

»Sorry noch mal, dass ich neulich beim Frühstück so ausgeflippt bin wegen des Masturbationskurses«, sagte ich.

»Ach, macht doch nix«, sagte Maike. »Ich war da, es war schön!«

»Wo warst du?«

»Na, beim Masturbationskurs!«

Ich musste mich verhört haben. Mit aller mir nach der Operation zur Verfügung stehenden stimmlichen Schärfe fragte ich: »Was?!«

»Das tut richtig gut, Fritz!«, antwortete Maike. »Ich geh da jetzt häufiger hin, hab ich beschlossen. Muss mich mal bei deiner Mutter für den Tipp bedanken.«

Das konnte ja wohl nicht wahr sein. Offenbar war meine Mutter jetzt wirklich und wahrhaftig eine Sexualtherapeutin, die Leuten wirksame Tipps gab.

Ich bedeutete Maike, dass man ihr hinter dem Vorhang womöglich zuhörte. Sie hielt die Hand vor den Mund und kicherte leise.

»Wer ist denn dahinter?«, fragte sie flüsternd.

»Ein Typ und seine Freundin«, wisperte ich zurück.

»Ohoooo!«, sagte sie mit anzüglichem Unterton und nun wieder in normaler Lautstärke. »Also, hier wird auch was gelutscht!«, fügte sie an den Vorhang gewandt hinzu und steckte sich ihr Wassereis in den grinsenden Mund.

Das Hauptrisiko bei einer Mandeloperation sind die eventuell auftretenden Nachblutungen. Sie kommen bei etwa zehn Prozent der Menschen meines Alters vor. Anfangs hatte ich noch Sorge gehabt, dass es mich treffen und ich Teil der zehn Prozent werden könnte, mehr noch: Ich hatte mir bereits mehrfach hypochondrisch eingebildet, mir liefe das Blut in Strömen den Rachen hinunter. Die alarmierte Schwester Gerda hatte das jedes Mal mit einem kurzen Blick in meinen Mund ausschließen können. »Kein Blut in Sicht, einfach nur ordentlich am Sabbern!«, hatte sie gesagt.

Ich wurde der ärztlichen Prognose entsprechend früh entlassen und war nun angehalten, mich körperlich zu schonen. Ich durfte nicht mal duschen. Im Grunde führte ich im eigenen Bett bloß fort, was ich im Krankenhaus begonnen hatte: erhöht schlafen, essen, trinken, lesen, gucken, hören, und alles wieder von vorn.

›Langweilig‹, musste sich der seit Kindheitstagen für Selbstzerstörung zuständige Teil meines Hirns wohl gedacht haben, ›und außerdem sind die Mandeln weg, die doch zuvor so verlässlich den Körper mit Gift geflutet haben. Es wird mal wieder Zeit für ein bisschen Action.‹

Es war gegen ein Uhr in der ersten Nacht zu Hause. Ein unangenehm pulsierendes Gefühl da rechts in meinem Hals hatte mich geweckt. Ich versuchte, das Gefühl wegzuräuspern – denn auch das Husten hatte man mir untersagt –, doch statt eines Räusperns kam nur ein Gurgeln aus meiner Kehle. Durch die eingebildeten Nachblutungen im Krankenhaus traute ich meinem eigenen Körpergefühl nicht mehr. Waren das jetzt wirkliche, echte Nachblutungen, oder war ich wieder nur, wie Schwester Gerda es nannte, »am Sabbern«? Von den Erinnerungen an die Fehlalarme im Krankenhaus beruhigt, schlief ich noch mal ein.

Etwa eine halbe Stunde später wurde ich erneut wach. Zu dem Pulsieren in der rechten Halshälfte kam nun ein eigenartiger Geschmack auf meiner Zunge. War das Blut?

Ich schaltete die Leselampe neben meinem Bett an. Ein Blick auf mein ansonsten weißes und jetzt tiefrot getränktes Kissen sagte mir: Das war Blut.

Seit meiner Kindheit verfolgen mich mehrere neurotische Ängste. Zum Beispiel die Angst vor Michael Jackson. Durch meine Geburt im Jahr 1997 habe ich ihn nur als dieses kalkweiße, säuselnde Wesen mit der kleinen Nase und der großen verspiegelten Sonnenbrille kennengelernt, das mir allein durch ebendieses Äußere schon unsägliche Angst einjagte. In den Nachrichten wurde damals außerdem dauernd über ihn berichtet, er hielte seine eigenen Kinder in schwindelerregender Höhe aus dem Fenster und würde noch viel schlimmere Dinge mit den Kindern anderer Leute tun. Da ich ein Kind war und damit seinem mutmaßlichen Beuteschema entsprach, lebte ich bis zu Michael Jacksons Tod im Jahr 2009 in Angst – und manchmal habe ich auch heute noch Albträume, dass er nachts neben meinem Bett steht und spielen möchte.

Eine andere alte Angst in meinem Leben ist die vor Autowaschanlagen. Seit meine Mutter mir als Kind einmal erklärt hatte, dass diese an Tankstellen angeschlossenen Apparaturen »im Grunde sehr große Roboter« waren, war ich vollkommen verstört. Roboter stellte ich mir damals ulkig und freundlich vor, so wie C3PO und R2D2 aus »Star Wars«; sie hatten meiner Erfahrung nach ein Gesicht oder zumindest eine Art Persönlichkeit. Dass nun aber ein riesiger Roboter ohne all diese freundlichen Merkmale, ja sogar ohne Augen (!), es hinbekam, ein Auto schadenfrei zu waschen, versetzte mich in Schrecken. Und wenn dann, am Ende, unter viel Getöse der gigantische Föhn zum Einsatz kam, war ich völlig fertig. Kündigte meine Mutter an, dass ein Besuch in der Waschanlage anstünde, weigerte ich mich mitzufahren. Bis heute war ich noch nie mit einem Auto in der Waschanlage.

Die am besten erhaltene Kindheitsangst ist allerdings die Angst vor Blut. Sie ist gleichermaßen auch die irrationalste meiner Ängste. Es gibt kein Schlüsselerlebnis, das erklären könnte, warum ich stets zittrig werde, wenn in meiner Gegenwart über Blut gesprochen wird; warum ich mich auch jetzt gerade, da ich diese Zeilen schreibe, so schwach fühle; warum ich in Ohnmacht fiel, als ich in der ersten mandelfreien Nacht zu Hause mein vollgeblutetes Kissen sah.

Auf dem Teppich vor meinem Bett liegend, kam ich wieder zu mir und hatte nun keine andere Idee, als nach meiner Mutter zu rufen. Um sie zu wecken, waren mehrere Rufe nötig, und da ich lag und das Blut meinen Hals ungehindert hinunterströmte, konnte ich nur abgehackt und kehlig rufen, immer unterbrochen von röchelnden Atmern und vom Runterschlucken meines eigenen Blutes. »Maaaaa-chhhh-maaaaa-chhhh« – Schluck – »Maaaa-chhhh-maaaaa-chhhh« – Schluck.

Die Tür meines Zimmers flog krachend auf, und meine Mutter kam hereingestürzt.

»Ach du Scheiße!«, rief sie. »Was hast du denn gemacht?«

»Gar-chhhh-nichhhhhts«, antwortete ich.

In der Notaufnahme warteten wir eine ganze Stunde lang darauf, dass sich jemand die offene Wunde in meinem Hals ansah. Während dieser Wartezeit schluckte ich das unaufhörlich in meinen Rachen tröpfelnde Blut immer wieder hinunter. Eine dumme Idee, wie sich noch zeigen sollte.

Als die überarbeitete Ärztin endlich Zeit fand, mit müden Augen in meinen Mund zu sehen, war es bereits vier Uhr morgens. Nachdem sie mich untersucht hatte, sagte sie nur: »Das müssen wir notoperieren!«

»Noch mal Vollnarkose?«, fragte meine Mutter.

»Das wird sich nicht vermeiden lassen«, antwortete sie.

»Ochhhh-nööö-chhhh!«, sagte ich.

»Allerdings erst in drei oder vier Stunden, wenn die Frühschicht beginnt«, fügte die Ärztin hinzu.

»Was? In drei oder vier Stunden erst?«, empörte sich Mama. »Der Junge verliert doch die ganze Zeit schon Unmengen Blut! Wieso heißt das denn ›notoperieren‹, wenn es erst so spät passiert?«

»Früher bekommen wir das nicht hin«, sagte die Ärztin mit matter Stimme. »Wir nehmen ihn jetzt stationär auf und hängen ihn an einen Tropf.«

Mir war mittlerweile alles egal. Ich wollte einfach, dass man diese blutige Angelegenheit beendete. Sollten die mich doch ab jetzt dreimal täglich narkotisieren und mit dem Skalpell an mir rumprobieren – Hauptsache, das furchtbare Bluten hörte auf.

Als ich dann im zweiten Krankenhausbett liegend auf meine zweite Mandel-OP wartete, wurde mir sehr schnell sehr übel.

»Ich glaub, ich muss kotzen«, sagte ich zu meiner Mutter, die am Fenster auf einem Stuhl saß und nervös eine Zeitschrift las.

»Jetzt nicht auch noch das!«, stöhnte sie. Doch es war zu spät: Ich hatte mich bereits zur Seite gebeugt und mich in den Mülleimer neben dem Bett übergeben. Ein kräftiger roter Strahl. Meine Mutter rief die nächste Krankenschwester herbei.

»Ja, wissen Sie das denn nicht?«, fragte die kräftige Frau, die laut ihrem Namensschildchen »Schwester Beate« hieß.

»Was wissen wir nicht?«, fragte meine Mutter.

»Dass man sein eigenes Blut nicht trinken kann?«, antwortete Schwester Beate. »Sie können so viel Tierblut trinken, wie Sie wollen, oder auch das Blut anderer Menschen, aber von Ihrem eigenen Blut müssen Sie ab einer gewissen Menge erbrechen.«

Offenbar hatte ich diese »gewisse Menge« jetzt erreicht. Schwester Beate gab mir eine Nierenschale aus Karton, in die ich fortan sämtliches aus der Wunde austretende Blut spucken sollte. Mit stark zitternden Händen hielt ich die Schale – und der Schlauch, mit dem ich an den Tropf angeschlossen war, wackelte durch meine unkontrollierten Bewegungen so stark, dass meine Mutter ihn, damit er nicht abriss, festhalten musste.

»Und so schnell habe ich wieder ein kleines, hilfloses Kind als Sohn«, sagte Mama, zu gleichen Teilen traurig und nostalgisch.

Ich litt und blutete weiter vor mich hin, und übergab

218

mich noch mehrere Male purpurn in diverse Pappscha-
len. Da es nicht nur Blut, sondern auch Magensäure war,
was sich da den Weg nach draußen bahnte, fing die offene Wunde in meinem Hals zusätzlich zum andauernden
unangenehmen Pulsieren auch noch stark zu schmerzen
an. Als die Übelkeit sich fürs Erste beruhigt hatte, konnte
die Wunde ungehindert einen Blutpfropf bilden, der nach
einiger Zeit abfiel und der, als ich ihn in die Nierenschale
gespuckt hatte, so abscheulich aussah, dass ich schon wieder kotzen musste. Meine Mutter konnte nichts tun, als
diesem traurigen Spektakel verzweifelt zuzusehen.

Meine Angst vor Blut war nur zweimal zuvor derart herausgefordert worden. Und immer hatte es etwas mit einem
Omnibus zu tun gehabt.

Das erste Mal fand nach einem Schultag an der Haltestelle statt. Die meisten meiner Mitschüler waren bereits
in die leuchtend grünen Schnellbusse gestiegen, ich hingegen wartete auf den alten, klapprigen Einsatzwagen, der
immer zehn Minuten später fuhr, dafür aber deutlich lee-
rer war. Mit mir zusammen stiegen meistens nur fünf oder
sechs andere Schüler ein, denen es ebenfalls lieber war,
später zu Hause anzukommen, als sich dem lärmenden
und stinkenden Schülermob im grünen Bus auszusetzen.
An diesem Tag wartete allerdings auch noch eine alte Frau
mit Rollator auf den Einsatzwagen, sie hatte sich ein paar
Minuten zuvor an mich gewandt und erklärt, dass sie den
Schnellbus knapp verpasst habe, sie könne nicht mehr so
schnell laufen. Ob denn noch ein Bus käme, hatte sie wissen wollen. Ich hatte Ja gesagt, der Einsatzwagen würde

noch kommen. Und so warteten wir hier, die alte Frau, die wenigen verbliebenen Mitschüler und ich.

Als der Bus um die Ecke gebogen kam und auf die Haltestelle zuhielt, setzte sich die Oma in Gang, übersah allerdings die Lücke im gepflasterten Boden. Das linke Vorderrad ihres Rollators verhakte sich in der Vertiefung, die Frau strauchelte, dabei geriet der Rollator ins Ungleichgewicht, fiel um, und die Dame hatte nichts mehr, woran sie sich hätte festhalten können, sie kippte – wohl mehr aus Unsicherheit als aus mangelnder Bodenhaftung – steif wie eine Holzlatte um und schlug mit dem Kopf auf dem Kantstein eines Beetes auf. Wir Kinder rannten sofort hin, um zu helfen. Die Frau lebte noch, sie redete ja, jede Menge sogar – ihr Gesicht allerdings war bereits jetzt, Sekunden nach dem Sturz, überströmt von hellrotem Blut. Ihr Kopf war geradezu glasiert, wie ein Paradiesapfel von der Kirmes. Wir halfen ihr hoch, oder besser: Die anderen halfen ihr hoch, ich tat anstandshalber nur so, denn für wirkliche Kraftanstrengungen war ich bereits zu zittrig vom Anblick des vielen Blutes, das nicht nur über ihren Kopf, sondern mittlerweile auch auf den Boden floss. Aber ich rief den Krankenwagen – zum ersten Mal in meinem Leben und dementsprechend weihevoll: »Ja, guten Tag, mein Name ist Fritz Schaefer, und ich rufe an, um Sie darüber zu informieren, dass wir dringend einen Krankenwagen brauchen.«

Wie sich herausstellte, hatte die alte Dame sich gar nicht so schwer verletzt. Während die Sanitäter sie behandelten, rief sie immer wieder aus: »Ich hab nichts, das ist alles nur der Blutverdünner! Ich hab nichts! Ich verpasse den Bus!«

Das zweite Mal, dass ich so viel Blut sah, war ein paar Jahre später, ich ging in die Oberstufe. Es war ebenfalls nach Schulschluss, und der Bus war bereits in voller Fahrt. Im Innenraum war es heiß, die staubigen Sitzpolster mit der durchgeknallten Musterung raubten der Luft im Fahrzeug die letzte Qualität. Diese für den menschlichen Kreislauf ungünstigen Bedingungen müssen wohl auch dafür gesorgt haben, dass der ältere Mann, der im Mittelteil des Busses stand und sich an den schmandigen Gummischlaufen festhielt, die Augen merkwürdig verdrehte und ganz offensichtlich das Bewusstsein verlor. In genau dem Augenblick, in dem er zusammenzusacken begann, bremste der Busfahrer wegen einer rot werdenden Ampel. Noch während der Mann fiel, in Ohnmacht ja eigentlich, flog er den gesamten Gang hinauf bis hin zur Kabine des Busfahrers. Dort schlug er mit der Schläfe gegen einen metallenen Haltegriff. Sämtliche Fahrgäste schrien oder japsten bei diesem Anblick laut auf. Der bewusstlose Mann lag nun, die Gliedmaßen von sich gestreckt wie ein schlafender Betrunkener, im vorderen Teil des Busses und bewegte sich nicht. Nur aus der Macke an seiner Schläfe trat pulsierend Blut aus. Es floss nicht einfach, sondern schoss im Takt des Herzschlags aus der Schläfe wie Wasser aus einer hin und her schwingenden Gießkanne.

Ich war bei diesem Anblick kurz davor, auch das Bewusstsein zu verlieren. Die anderen Leute im Bus hatten indes angefangen, erschrocken zu rufen oder verärgert zu brüllen, da der Busfahrer einfach weiterfuhr, obwohl doch direkt neben ihm ein bewusstloser Verletzter lag. Seelenruhig lenkte er das Fahrzeug durch die Straßen unserer Stadt. »Wenn Sie nicht anhalten, dann können wir keinen Krankenwagen rufen«, schrie eine Frau ihn an, während sie sich über den Blutenden beugte, um nach ihm zu sehen und seine Wunde zuzuhalten. Der Busfahrer sagte nichts und fuhr weiter.

»Pass ma auf, du Heiopei, et gibt gleich paar inne Fresse, wenne nicht sofort anhälts!«, drohte ein bulliger Mann, der ebenfalls nach vorne gelaufen war, um sich zu kümmern. Der Fahrer trat auf die Bremse. Allerdings nicht wegen der eindringlichen Worte seiner Fahrgäste, sondern weil er den Bus direkt vor den Eingang der nächsten Notaufnahme gesteuert hatte.

»Da wären wir«, sagte er lakonisch. Zweifellos hatte er mit der Fahrt zum Krankenhaus eine kluge Entscheidung getroffen, und doch kam es mir ziemlich komisch vor, dass er sich die ganze Zeit lieber beschimpfen ließ, als seinen Plan zu verraten. Zumal, während neben ihm ein Mann den PVC-Boden des Busses mit einer Unmenge Blut flutete.

Aber nie, glaubte ich, nie hatte ich so viel Blut gesehen wie in den von mir selbst gefüllten Nierenschalen im Krankenhaus. Es war inzwischen acht Uhr dreißig am Morgen. Irgendein offenbar sehr wichtiger Arzt kam mit einer Gruppe studentisch wirkender Männer herein. Weder er noch seine Entourage begrüßten meine Mutter und mich und sprachen uns auch sonst nicht an. Allerdings sprach der Arzt wohl *über* mich, denn er und die Leute um ihn herum sahen mich an. »Tonsillektomie vor gut einer Woche, jetzt Nachblutungen, grenzwertiger Blutverlust, Elektrolytgabe.« Offenbar hatte er mich, oder zumindest den Teil von mir, den er für wichtig hielt, gerade vorgestellt. Peinlich, dass diese Menschen mich in solch einem Zustand kennenlernten. Ich musste aussehen wie meine eigene Leiche. Das kitzelte meine Strahlemann-Reflexe. Doch bevor ich diese Peinlichkeit mit guter Laune und einem kleinen Witz kompensieren konnte, sprach der wichtige Arzt.

»Dörfler!« Ohne den Blick von mir abzuwenden, streckte er den Arm aus und schnipste einem bebrillten Typen rechts von ihm vors Gesicht. »Ihre Empfehlung?«

Der Brillenträger, der anscheinend Dörfler hieß, beeilte sich, seinem Herrn zu antworten.

»Ich empfehle operative Blutstillung durch Elektrokoagulation, möglichst bald angesichts des grenzwertigen Blutverlusts.«

»Richtige Antwort!«, rief der Arzt, und nicht nur Dörfler, auch die anderen Typen um ihn herum entspannten sich angesichts dieser Reaktion. Da wollte man wohl nicht dabei sein, wenn dieser Arzt eine falsche Antwort zu hören bekam.

Schwester Beate, die kurz nach der Gruppe ins Zimmer gekommen war, übersetzte mir, was Dr. Wichtigmann gerade über mich gesagt hatte. »Sie werden jetzt gleich direkt operiert. Ziehen Sie bitte Ihre Kompressionsstrümpfe an.«

Kompressionsstrümpfe. Innerhalb einer Nacht hatte man

223

mich zu dem alten Opa gemacht, den ich schon immer in mir gefühlt hatte.

Ein weiteres Mal wurde ich in den Operationssaal geschoben. Ich war mittlerweile so übermüdet, so hungrig, durstig und blutleer, dass ich keinen klaren Gedanken mehr fassen konnte. Ich lechzte nach der Narkose, ersehnte heftigst, von diesem traurigen Dasein als Mischwesen zwischen Vampir und Zombie befreit zu werden.

Der Anästhesist erklärte mir, was jetzt gleich passieren würde, ich sagte mit letzter Inbrunst: »Wie schön. Ich bin Ihnen sehr verbunden.« Meine Dankbarkeit dafür, dass dieser Mann mich nun erlösen würde, war so groß, ich hatte den Eindruck, ich müsste ihm etwas dafür zurückgeben. Und seien es nur ein paar nette Worte. »Sie haben wunderbares After Shave«, sagte ich. Mit meinem blutigen Mund und dieser distinguierten Art zu sprechen musste ich wie die jugendliche Version von Hannibal Lecter gewirkt haben.

Ich schlief vierzehn Stunden lang. Es war kurz vor elf Uhr abends, als ich aufwachte.

»Ah, auch mal wach«, sagte eine Stimme zu meiner Linken. Ich wandte den Kopf schwerfällig zur Seite. Ein Mann mit schütterem Haar und Lesebrille lag dort, im Bett nebenan. Der Mann war so dick, dass ich sein Alter kaum einschätzen konnte. Natürlich war er deutlich älter als ich, die meisten Menschen waren das, aber bei ihm hatte das Körperfett für die Glättung sämtlicher Gesichts- und Halsfalten gesorgt.

»Mich hamse heute Mittach eingeliefert. Da lags du hier schon. Ich hab Zucker und heiß Herbert, grüß dich!«

»Hallo, Herbert«, sagte ich mit heiserer Stimme. Heiser – ich bekam sofort gute Laune –, heiser bedeutete trocken! Kein Blut mehr im Rachen! Und ich hatte ohne Zwischenfall durchgeschlafen! Toll!

»Deine Mutter musste irgendwann arbeiten fahrn, soll ich dir sagen. Die war ganz schön besorcht. Du solls se anrufen, wenne wieder wach bist. Aber jetzt sach ma, was issen eigentlich mit dir passiert? Ich hab gedacht, du wärs tot, so weiß, wiede wars, als se dich hier eingeliefert ham!«

Ich erklärte Herbert stichpunktartig, was geschehen war. Er fand daraufhin die richtigen Worte für meine Situation: »Ja ker, Fritz, manchma ist dat so. Sechzichtausn auf Schalke, und wer kricht den Ball annen Kopp? Du!«

Kapitel 10

»Ihre Mandeln wollten nicht entfernt werden, die waren definitiv Ihre Schwachstelle«, sagte mir der Fetischarzt zwei Wochen später beim Nachsorgetermin. »Aber die Wunden sind inzwischen so gut verheilt, dass eine weitere Nachblutung ausgeschlossen werden kann«, fügte er hinzu.

Schön, das so definitiv gesagt zu bekommen, dachte ich. Noch lieber wäre es mir allerdings gewesen, wenn der Arzt selbiges auch über meinen Geisteszustand gesagt hätte: Wunden verheilt, Nachblutungen ausgeschlossen. Denn nach wie vor war ich intern mit der Frage beschäftigt, wie es sein konnte, dass ich seit dem Eingriff keine Gefühle mehr für Maike hatte, nicht mehr unglücklich verliebt war. Natürlich, dieses Gefühl der Befreiung war toll, aber eben *zu* toll. Konnte es wirklich sein, dass man mir meine unglückliche Liebe zusammen mit den Mandeln herausoperiert hatte? War es wirklich möglich, dass mein Körper einerseits auf dem besten Weg gewesen war, sich selbst zu zerstören, und andererseits zur selben Zeit einen Weg gefunden hatte, diese masochistische Macht zu kanalisieren und an einem völlig banalen Ort wie den Gaumenmandeln zu verstauen?

War es esoterisch, an die Existenz so einer dunklen Macht zu glauben? War es verrückt, sich in diesem Glauben bestätigt zu sehen, wenn die Macht, durch einen operativen Eingriff entfesselt, für ein Blutbad sorgte? Außerdem war es nicht nur die Sache mit Maike, die sich plötzlich so ins komplette Gegenteil gekehrt hatte. Als ich nämlich aus dem Krankenhaus zurück nach Hause gekommen war, hatte ich bemerkt, dass auch meine Verklemmtheit extrem nachgelassen hatte. Ich zuckte nicht mehr jedes Mal zusammen, wenn ich nur das Wort »Sexualtherapie« hörte, und auch die Vulva an der Flurwand rechts neben meinem Zimmer machte mir nichts mehr aus. Klar, eine neuerdings so sexualisierte Mutter war ungewohnt, und eine gesunde Distanz brauchte es definitiv zwischen uns bei diesem Thema – aber ganz grundsätzlich fühlte ich mich nun enthemmt, was das weite Feld des Sex anging.

Nach den vielen verzweifelten Versuchen, meinem Ruf als Strahlemann im Angesicht aller Widrigkeiten immer noch gerecht zu werden – fühlte ich mich jetzt zum ersten Mal wieder wirklich wie der, den mein Opa damals in mir gesehen haben musste, als er mir den Namen gab. Und obendrein bemerkte ich, wie grandios es eigentlich war, dass ich seit diesem Sommer das Abitur in der Tasche hatte. Die Schulzeit mit all ihren Höhen und vor allem ihren Tiefen hinter mir zu wissen war unglaublich entlastend. Auch diese positive Kehrseite nahm ich erst jetzt wirklich wahr. Genau wie die Tatsache, dass die vielen Möglichkeiten, die sich nun eröffneten, eben genau das waren:

Möglichkeiten – und keine belastenden Veränderungen. Ich hatte mich innerhalb der wenigen Tage zurück zu Hause dazu entschlossen, nach Köln zu ziehen, um dort zu studieren.

Dass mir all diese existenziellen Sachverhalte auf einen Schlag so klar waren, dass sich alles so leicht anfühlte und ich so unbedingt etwas mit meinem Leben anfangen wollte, das war super, ja, wie gesagt, aber doch auch extrem gruselig. Heilung durch Krankheit? Wer's glaubt …

Ich hätte den HNO-Arzt also am liebsten mit Fragen gelöchert: »Waren die Komplikationen nach der ersten Operation ein letztes Aufbäumen all meiner in den verdammten Mandeln abgespeicherten Probleme aus der Vergangenheit? Wurden da jetzt wirklich *alle* Sorgen, Ängste und Nöte rausgeschnitten? Auch die kleinen und großen Verletzungen, die ich schon seit frühster Kindheit mit mir herumgetragen habe? Wird dieses neue Hochgefühl jetzt für immer bleiben? Bin ich ein medizinisches Wunder?!«

Doch stattdessen sagte ich: »Na, dann ist ja alles klar.«

Ich bedankte mich und verließ die Praxis, so beschwingt wie verwirrt. Und an dieser Gefühlsmischung hat sich – seit der Mandel-OP und bis heute – erstaunlicherweise nichts mehr geändert.

Ich beschloss, Maike endlich zu gestehen, welche Gefühle ich in den letzten Jahren für sie gehabt hatte. Sie reagierte überrascht, fing sogar an zu weinen, schluchzte, sie komme sich dumm vor, dass sie davon nichts bemerkt habe.

Ich wusste nicht recht, ob ich ihr das glauben sollte. Doch egal, nun, da ich mit meinen obsessiven Gefühlen ihr gegenüber abgeschlossen hatte, spielte es ja keine Rolle mehr, wer wann was bemerkt oder eben nicht bemerkt hatte. Dennoch: Warum weinte sie? Dass ich in sie verliebt gewesen war, mochte ihr neu sein – aber für sie änderte sich doch überhaupt nichts! Jahrelang war sie es gewesen, die proklamiert hatte, dass wir *nur befreundet* waren, und jetzt, da wir zum ersten Mal wirklich *Freunde* hätten sein können, war sie traurig. Fehlte ihr insgeheim nun doch etwas? War es mein Ihr-zu-Füßen-Liegen gewesen, das unser Verhältnis für sie so wertvoll gemacht hatte? Für diese Theorie spricht, dass wir im Anschluss an dieses Gespräch rasch den Kontakt zueinander verloren. Mittlerweile habe ich Maike seit Jahren nicht mehr gesehen. Als ich gehört habe, dass sie und Thomas sich getrennt haben, war mir das wunderbar egal.

Schließlich habe ich einen beruflichen Weg eingeschlagen, den ich fröhlich gehe, ich darf mich öffentlich verströmen und bekomme wohl inzwischen genug von der Aufmerksamkeit, die mir als Kind fehlte. Die Großeltern haben final bestätigt, dass sie sich trotz all des leidenschaftlichen Hasses in Wirklichkeit sehr liebten und brauchten, indem sie kurz nacheinander starben. Meine Schwester hat bisher alle bürokratischen Hürden genommen, die einem Menschen mit Behinderung hierzulande zusätzlich den Weg versperren, und ihre Berufsausbildung erfolgreich abgeschlossen. Auch meine Mutter liebt ihre Arbeit als Sexualtherapeutin nach wie vor – nur eine Änderung gab es in den letzten Jahren: Die Vulva, die für mich nach wie vor ein befremdliches Kunstwerk ist, hängt mittlerweile nicht mehr im Flur neben meinem Jugendzimmer, sondern über dem Esstisch. Guten Appetit.

———

Es ist nicht lange her, ich wohnte schon in Köln, da entdeckte Mama beim gemeinsamen Spaziergang in meinem Veedel einen Sexshop.

»Komm, da gehen wir rein!«, rief sie begeistert aus. Ich erschrak richtiggehend, als sie das sagte.

»Was? Bist du bescheuert? Ich geh doch nicht mit meiner Mutter in einen Sexshop!«

Ödipaler konnte es nach meinem Dafürhalten nicht mehr werden. Ich war mir sicher: Selbst Sigmund Freud wäre, hätte er diese Situation noch miterleben können, einen zweiten Drogentod gestorben vor Überforderung.

»Wieso? Was ist denn schon dabei? Was bist du wieder so ein Klemmi?«, versuchte meine Mutter mich anzustacheln. Damit hatte sie Erfolg. Ich war nach meinem Auszug von zu Hause und dem Herausoperieren meiner unglücklichen Liebe innerhalb kürzester Zeit aufgetaut und hier, in Köln, sehr umtriebig gewesen. Entsprechend wütend machte es mich, immer noch wie in meiner Pubertät als »Klemmi« bezeichnet zu werden. Ich wurde laut. »Es geht nicht darum, dass ich zu verklemmt bin, um in einen Sexshop zu gehen! Ich bin schon lange nicht mehr verklemmt! Sondern ...«

»Sondern?«, fragte Mama.

Mittlerweile wurden wir interessiert von einigen Leuten beobachtet, die an einer benachbarten Haltestelle auf die zuverlässig verspätete Stadtbahn warteten. Doch ich fuhr ungeniert fort: »Sondern es geht darum, dass ich *mit meiner Mutter* in einen Sexshop gehen soll!« Gelächter vonseiten der Haltestelle.

»Es zwingt dich ja keiner«, sagte meine Mutter unbeeindruckt, ging hocherhobenen Hauptes in das Geschäft und blieb dort für anderthalb Stunden.

Ich hatte in der Zwischenzeit vor einem Café Platz genommen. Als meine Mutter dort vorbeikam, um mich abzuholen, in den Händen zwei gut gefüllte Tüten mit dem Logo der Sexshop-Kette darauf, rief sie voller Erstaunen und für alle Cafégäste und Passanten deutlich hörbar: »Der Verkäufer da im Shop hat mir gerade erzählt, dass es ein Verfahren namens ›Anal Bleaching‹ gibt! Weißt du, was das ist? Unglaublich, sag ich dir!«

Zwei Wochen später interviewte ich im Rahmen einer Radiosendung zwei Stripperinnen zu ihrem Berufsalltag. Nachdem die Sendung vorbei und das Mikrofon aus war, luden mich die beiden Damen ganz ernsthaft und herzlich in den Club ein, in dem sie gemeinsam arbeiteten: »Du bekommst eine Sondervorstellung!« Ich lehnte dankend ab. Das sei nicht so meine Welt, erklärte ich betont professionell, »aber vielen Dank für das Angebot«.

Als ich später bei einem Treffen mit Martha und Mama von der offenherzigen Einladung der Stripperinnen erzählte, zückte meine Mutter Stift und Papier und sagte: »Wie heißt der Club? Da fahr ich hin!«

Epilog

Bisher mussten die Leute zuverlässig lachen, wenn ich Geschichten aus meinem jungen Leben erzählt habe. Selbst bei den – meiner Meinung nach – traurigen Schilderungen habe ich in den seltensten Fällen Mitgefühl geerntet. Dafür aber eine Menge herzlicher Lacher.

Und hier hilft die jahrzehntelange Erfahrung als Strahlemann. Man sagt sich: Was soll's! Ob nun Lacher oder Mitgefühl – Hauptsache, eine positive Reaktion! Denn ich werde ja nicht ausgelacht. Das Lachen goutiert für meine Begriffe die Komik, die selbst meinen schlimmsten Erlebnissen noch innewohnt. Auch ein Kompliment!

Mitgefühl bekomme ich auf diese Weise zwar nicht direkt und unmittelbar, aber beide Wortteile, »mit« und »Gefühl«, kann ich durch einige gedankliche Anstrengung auch in einen herzlichen Lacher hineininterpretieren.

Und doch, muss ich mir eingestehen, verfehle ich mein Ziel ja immer noch. Gelächter ist nicht exakt die Reaktion, die ich mir erhoffe. Ich habe längst aufgegeben, mich zu fragen, was ich falsch mache.

Es wird mir tagtäglich wieder bewusst: Kaum jemand glaubt mir Traurigkeit. Dafür bin ich wohl schon zu lange der Strahlemann. Selbst fremde, unvoreingenommene

Menschen, die ich gerade erst getroffen habe, scheinen nach wenigen Sekunden entschieden zu haben: Das ist ein Lustiger, der macht bloß Scherze, ein guter Geist, der kommt schon zurecht, das sieht man doch schon daran, wie der strahlt.

Unter anderem aus diesem Grund habe ich mich dazu entschlossen, meine Geschichten aufzuschreiben: weil sie offenbar unterhalten. Hinzu kommt, dass durch das geschriebene Wort der physische Strahlemann-Aspekt komplett wegfällt und es so sein könnte, dass sich endlich auch die tragischen Komponenten meiner Geschichten besser vermitteln lassen.

Es muss sich niemand schämen, wenn er oder sie beim Lesen gelacht hat. Ich bin mir meiner biografischen Pointen trotz aller geschlagenen Wunden, trotz aller seelischen Verletzungen natürlich vollends bewusst, und ich würde lügen, wenn ich sagte, dass ich dieses Buch nicht sogar absichtlich »auf Pointe« geschrieben hätte – einige Male musste ich während des Schreibens sogar selbst laut lachen. Im Kern jedoch sind es traurige Geschichten, die ich hier offenbare.

Denn ist es schließlich nicht traurig, wenn man so unglücklich ins Liebesleben startet? Wäre es nicht wunderbar, wenn meine Schwester Martha keine Behinderung hätte? Wieso überkam ausgerechnet mich während meiner Pubertät so eine Verklemmtheit? Hätten meine Großeltern sich nicht von morgens bis abends ausschließlich mit Liebe und warmen Worten überschütten können? Wie hätte meine Schulzeit ohne Bösartigkeiten ausgesehen?

Allesamt Fragen, die unbeantwortet bleiben. Zum Glück. Denn wenn ich die Antworten erfahren würde, verlöre ich höchstwahrscheinlich den Verstand. Zu wissen, dass und wie es anders hätte laufen können, würde mein derzeitiges Leben sinnlos machen.

Ein weiterer Grund für dieses Buch ist der, den ich vor vielen Seiten schon genannt habe: Wie viel hätte es mir gegeben, wenn jemand befreit über das viel zu wenig repräsentierte Leben als Geschwisterkind einer Person mit Behinderung gesprochen hätte! Wie viel hätte es mir bedeutet, mich in ein Buch oder in irgendein anderes Medium flüchten zu können, durch das ich erfahre, dass ich nicht allein bin mit meinen Sorgen. Vielleicht kann dieses Buch ebenfalls ein Zufluchtsort für jemanden sein. Für eine Person, die auch unglücklich verliebt ist oder war, eine Person, die ein behindertes Geschwisterkind hat oder in der Schule Ungerechtigkeit erfährt. Sollte jemand dieses Buch zur Hand nehmen, um sich im Angesicht jener Herausforderungen zu vergewissern, dass doch alles wieder schön werden kann – was wäre das für eine Ehre für mich! Aber genug von mir.

Raus aus der Filmwelt, rein ins Abenteuer!

Seit sie zehn Jahre alt ist, steht Schauspielerin Maria Ehrich regelmäßig vor der Kamera. Um herauszufinden, was sie neben Kino und TV noch begeistert, zog die 26-Jährige zusammen mit ihrem Freund Manuel raus in die Welt. In Kenia freundet sie sich mit einem Adler an, bestaunt riesige Wale in Neufundland und reist in einem alten VW-Käfer 20.000 Kilometer von Mexiko über staubige Pisten durch die USA. Vor allem aber lernt sie auf der Reise inspirierende Menschen kennen, die den »alltäglichen Rahmen verlassen« haben und sich für eine bessere Welt einsetzen. Die Reise wird zu einem unvergesslichen Erlebnis ...

Maria Ehrich
Leaving the Frame
Eine Weltreise ohne Drehbuch

Klappenbroschur
Auch als E-Book erhältlich
www.ullstein.de

ullstein